LANGENSCHEIDTS
PRAKTISCHE LEHRBÜCHER

LANGENSCHEIDTS
PRAKTISCHES LEHRBUCH
CHINESISCH

von
Dr. Ning-ning Loh-John

LANGENSCHEIDT
BERLIN · MÜNCHEN · WIEN · ZÜRICH · NEW YORK

Langenscheidts Praktisches Lehrbuch Chinesisch
Ein Standardwerk für Anfänger
von Dr. Ning-ning Loh-John

Fotos: Dr. Ning-ning Loh-John, Susanne Brudermüller
Illustrationen: Harry Jürgens
Redaktion: Susanne Brudermüller

*Ein Schlüssel zu den Übungen ist gesondert lieferbar.
Es empfiehlt sich, zu diesem Lehrbuch auch die drei Begleitcassetten zu verwenden.
Sie enthalten die Beispielwörter aus der Einführung in die
Aussprache des Chinesischen sowie sämtliche Lektionstexte und Mustersätze.
Schlüssel (Best.-Nr. 26095) und Cassetten (Best.-Nr. 80409) sind im Buchhandel
erhältlich.*

*Titelfoto: Der Fluß Li, Guilin
(Bavaria Bildagentur)*

Das Werk und seine Teile sind urheberrechtlich geschützt. Jede Verwertung in anderen als den gesetzlich zugelassenen Fällen bedarf deshalb der vorherigen schriftlichen Einwilligung des Verlages.

Auflage:	5.	4.	3.	2.	1.	Letzte Zahlen
Jahr:	1999	98	97	96	95	maßgeblich

© 1995 Langenscheidt KG, Berlin und München
Druck: Druckhaus Langenscheidt, Berlin-Schöneberg
Printed in Germany / ISBN 3-468-26090-3

Inhaltsverzeichnis

Vorwort 8
Die Pinyin-Umschrift und die Aussprache 10
Lektionen 1-12 22

Nr.	Lesetexte/Themen	Grammatikschwerpunkte
1	Land, Nationalität, Sprachen Wáng Měiyù, Bèi Ānlì und Shǐ Dàwèi – Angaben zur Person	Substantiv, Wortbildung 27 Verb, Verbalprädikat 29 Kopula 是 shì 30 Entscheidungsfrage mit 吗 ma 31 chinesische Namen 33
2	Frau Bèi und Tochter, Frau Wáng und Sohn, Herr Shǐ – ihre Hobbys	Anrede 41 Zähleinheitswort (ZEW) 42 Ergänzungsfrage 45
3	Frau Wáng, Herr Shǐ und Frau Bèi – Familienstand, Beruf, Wohnort Frau Bèi lernt den Mann von Frau Wáng kennen – sich vorstellen	Pluralform der Personalpronomina 54 Attributivpartikel 的 de 54 Demonstrativpronomina 这 zhè und 那 nà 56 在 zài + Ortsangabe, Ortssubstantiv 57 在 zài als Verbzusatz 58
4	Einkaufspläne von Frau Bèi, Herrn Shǐ und Frau Wáng	Auslassung des Objekts 68 Verneinung von 有 yǒu 68 Richtungsverben 去 qù, 来 lái 69 Zeitpunktangabe als Adverbial 70 Verb 要 yào 71 Modalverben 要 yào, 想 xiǎng, 可以 kěyǐ 72
5	Wáng Sōngqīng, Bruder von Frau Wáng – Alter, Familienstand, Beruf, Wohnort Frau Wáng trifft Frau Bèi am Bahnhof – Verabredung; Uhrzeit, Wochentage	Zahlen 11-99, Uhrzeit, Wochentage 84 Nominalprädikat 86 fragende Zeitausdrücke 87 Modalverb 得 děi 88 Fragepartikel 呢 ne 88 Auslassung des Subjekts 88 Ausrufpartikel 啊 a 89

Nr.	Lesetexte/Themen	Grammatikschwerpunkte
6	Wáng Sōngqīng macht ein Programm für den Tag; Verabredung zum Essen	Adjektivprädikat, Adverbien 99 Verneinung mit 不 bù, 不是 bú shi, Modalverben 可以 kěyǐ, 能 néng 104 Nominalprädikat 105 Frage mit 怎么样 zěnmeyàng, 好吗 hǎo ma 106
7	Frau Bèi in der Bank, im Geschäft	Koverb + Substantiv als Adverbial 115 Zahlen 100-999, Währung, Frage nach dem Preis 117 几 jǐ und 多少 duōshao 119 有 yǒu *es gibt* 120
8	Herr Shǐ will zur Mensa Herr Shǐ im Büro von Frau Wáng – sein Reiseplan nach Xī'ān	Verb aus Verb + Objekt (VO-Verb) 131 Vollendungspartikel 了 le 132 Verneinung mit 没有 méiyǒu 136 Modalpartikel 了 le 136 Ordinalzahlen 138
9	Frau Wáng will mit Familie das Palast-Museum besuchen; Frau Wáng trifft Herrn Shǐ im Palast-Museum – sein genauer Reiseplan nach Xī'ān	Aufforderungssatz 149 (是 shì) ... 的 de-Konstruktion – Unterschied zum Satz mit 了 le 150 Datum 152 Verb und Modalverb 会 huì 154 Zeitpunktangabe vor Ortsangabe 154
10	Herr Shǐ und sein Freund John in Xī'ān – Hotel, Terra-Cotta-Armee, Zoo	Attribut und Attributivpartikel 的 de 162 Objektsatz 166 Frage mit 怎么样 zěnmeyàng 167
11	Frau Wáng sucht einen Brief; Frau Lǐ möchte mal mit dem neuen Fahrrad von Frau Wáng fahren; Herr Shǐ im Geschäft; Herr Shǐ interessiert sich für ein Wörterbuch von Frau Bèi	verbales Attribut 178 Positionswörter 179 Adverb 就 jiù 183 Verdoppelung des Verbs, 一下 yíxià 183

Nr.	Lesetexte/Themen	Grammatikschwerpunkte
12	Frau Bèi besucht Nánjīng – Fragen nach dem Weg	Positiv-Negativ-Frage, Vergewisserungsfrage mit 是不是 shì bu shi 197 Verb oder Satzteil mit Verb als Subjekt 200 ungenanntes unpersönliches Subjekt 201 Satz mit Thema und Kommentar 201 从 cóng, 到 dào, 往 wàng 203 Angabe der Zeitdauer 204

Wiederholungsübungen 209
Chinesisch-deutsches Wörterverzeichnis 219
Sachregister 239

Vorwort

Langenscheidts Praktisches Lehrbuch Chinesisch bietet eine grundlegende Einführung in die moderne chinesische Umgangssprache. Es ist aus der langjährigen Unterrichtserfahrung der Verfasserin in Deutschland entstanden und schenkt den Schwierigkeiten, die gerade deutsche Lernende mit der chinesischen Sprache haben, besondere Aufmerksamkeit.

Vermittelt wird die sogenannte Allgemeinsprache (Pǔtōnghuà), die im Westen unter der Bezeichnung Mandarin bekannt ist. Sie beruht im wesentlichen auf der Aussprache in Peking. 1956 wurde die Allgemeinsprache Unterrichtssprache in allen Schulen und hat sich inzwischen auch in fast allen Bereichen als Schriftsprache durchgesetzt. Im Lehrbuch wird das seit 1958 in der Volksrepublik China verbindliche Schriftsystem verwendet, bei dem über 2000 der traditionellen, sogenannten Langzeichen (fántǐzì) zu Kurzzeichen (jiǎntǐzì) vereinfacht wurden. Zahlreiche Kurzzeichen sind den Chinesen auf Taiwan, wo ausschließlich die Langzeichen offiziellen Status besitzen, vertraut und werden im privaten Bereich gerne verwendet. Die Schriftzeichen erscheinen im Lehrbuch durchweg zusammen mit der Pinyin genannten Lateinumschrift. Die Mustersätze und die Übungen werden nur in Pinyin wiedergegeben. Im Lehrbuch finden Sie die chinesischen Zeichen in der Druckform. Wenn Sie das Chinesische schreiben lernen wollen, empfehlen wir Ihnen *Langenscheidts Schreibübungsbuch Chinesisch* (Bestellnummer 49395). Mit diesem Buch lernen Sie die im Lehrbuch vorkommenden Schriftzeichen schreiben. Außerdem finden Sie dort eine ausführliche Einführung in die Geschichte der Schrift.

Den Lektionen des Lehrbuchs ist eine eingehende *Einführung in die Pinyin-Umschrift und in die Aussprache* mit anschließenden Übungen vorangestellt. Die Übungen und die Beispielwörter aus der Einführung sowie sämtliche Lektionstexte und Mustersätze finden Sie auf den drei das Lehrbuch ergänzenden *Begleitcassetten* (Bestellnummer 80409). Da das Chinesische eine Tonsprache ist, sind die Begleitcassetten für das Erlernen der richtigen Aussprache besonders zu empfehlen.

Die 12 Lektionen gliedern sich jeweils in vier Teile. *Teil A* enthält die Lektionstexte mit den Vokabeln. Die Lektionstexte bestehen überwiegend aus Dialogen, die Alltagssituationen zum Thema haben. Es werden aber auch kurze erzählende Texte angeboten. Die ersten fünf Lektionstexte haben außerdem eine Parallelübersetzung ins Deutsche. *Teil B* bringt Mustersätze, die wichtige Sprachstrukturen aus den Lektionstexten enthalten. Bereits eingeführte Vokabeln, die in vielfältigen Satzzusammenhängen angewendet werden, sollen dem Lernenden auf diese Weise vertrauter werden. In *Teil C* werden die in den Mustersätzen hervorgehobenen Strukturen eingehend erklärt und durch zahlreiche Beispielsätze veranschaulicht. Die Grammatik wird funktional betrachtet und weitgehend kontrastiv, d. h. vom Deutschen ausgehend, dargestellt. *Teil D* enthält ein umfangreiches Übungsangebot, das durch Wiederholungsübungen am Schluß des Lehrbuchs ergänzt wird. Diese Übungen sind nach grammatischen Schwerpunkten gegliedert und dienen der Wiederholung des gesamten Grammatikstoffs. Ein alphabetisch nach Pinyin angeordnetes *Wörterverzeichnis* ermöglicht das Auffinden der rund 500 Wörter und Wendungen im Lehrbuch.

Ein *Schlüssel* (Bestellnummer 26095) mit den Lösungen zu den Übungen und mit den deutschen Übersetzungen der Lektionstexte 6 – 12 ist gesondert erhältlich.

Langenscheidts Praktisches Lehrbuch Chinesisch eignet sich sehr gut für das Selbststudium, insbesondere aufgrund der ausführlichen Erklärungen zu den Strukturen des Chinesischen. Es ist ebenso im Kursunterricht einsetzbar; der Lehrstoff kann an der Volkshochschule in 3 – 4 Semestern durchgearbeitet werden. Wer sich parallel dazu auch die chinesische Schrift aneignen will, sollte zusätzliche Zeit aufbringen. Nach Abschluß des Lehrbuchs haben Sie ca. 400 Schriftzeichen sowie 500 Wörter und Wendungen kennengelernt, die es Ihnen ermöglichen, sich in Alltagssituationen zu verständigen.

Die Erfassung des Manuskripts durch Computer und die Erstellung der Druckvorlagen besorgten Manuel Vermeer (Wiesloch) und Wolfgang Kleinbach (ZeichenSATZ, Kiel).

VERFASSERIN UND VERLAG

Die Pinyin-Umschrift und die Aussprache

Die Pinyin-Umschrift

Die in der Volksrepublik China verbindliche Umschrift für Chinesisch mit lateinischen Buchstaben beruht auf dem 1958 eingeführten „Phonetischen Alphabet der chinesischen Sprache" (汉语拼音 Hànyǔ Pīnyīn). Diese Umschrift, kurz 拼音 Pinyin genannt, wird auch im vorliegenden Lehrbuch verwendet. Es ist besonders zu beachten, daß eine Reihe von Buchstaben der Pinyin-Umschrift anders als im Deutschen ausgesprochen wird.

Im Chinesischen wird jede Silbe, für die immer ein einziges Schriftzeichen steht, in einem bestimmten Ton gesprochen. Es gibt vier Töne, die durch die Tonzeichen ‾ (der 1. Ton), ´ (der 2. Ton), ˇ (der 3. Ton) und ` (der 4. Ton) über dem Vokal bzw. dem Hauptvokal markiert werden. Außerdem gibt es noch den sogenannten „schwachen Ton", bei dem kein Tonzeichen steht. Bei einem aus zwei oder mehr Schriftzeichen bzw. Silben bestehenden Wort werden die Silben in der Umschrift zusammengeschrieben.

Aussprache

In der folgenden Darstellung zur Aussprache werden die einzelnen Laute und Lautverbindungen des Chinesischen beschrieben. Zum besseren Verständnis werden die Internationale Lautschrift sowie Beispiele aus dem Deutschen oder Englischen hinzugefügt. Allerdings kann die Beschreibung nur annäherungsweise erfolgen. Es empfiehlt sich, die Aussprache mit den das Lehrbuch begleitenden Audiocassetten zu üben. Die Übungen dazu stehen im Anschluß an die jeweiligen Erläuterungen und am Schluß dieses Kapitels.

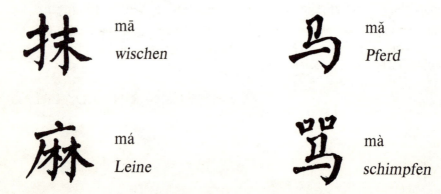

Ein Standardwörterbuch des modernen Chinesisch listet etwa 6000 Schriftzeichen auf. Während jedes Schriftzeichen eine eigene Bedeutung hat, wird ein Wort nicht immer nur durch ein Schriftzeichen wiedergegeben. Zahlreiche Wörter bestehen aus zwei oder mehr Schriftzeichen. Das Chinesische kennt nur etwas mehr als 400 Silben. Mit Hilfe der vier Töne wird die Anzahl unterschiedlich lautender Silben beträchtlich erhöht. So wird z.B. die Lautverbindung ma in der Bedeutung von *wischen* im 1. Ton mā (抹), von *Hanf* im 2. má (麻), von *Pferd* im 3. mǎ (马) und von *schimpfen* im 4. mà (骂) gesprochen. Dennoch gibt es viele Schriftzeichen, die gleich lauten. Beispielsweise stehen nahezu zehn verschiedene Schriftzeichen für die Silbe bu im 4. Ton bù. Dadurch, daß viele Wörter zwei- oder mehrsilbig sind, ergeben sich durch Silbenkombinationen (z.B. bùzhì 布置 *dekorieren*, bùfá 步伐 *Schritt*) weniger gleichlautende Wörter. Achten Sie stets darauf, die Silben im richtigen Ton zu sprechen. Nur so werden Sie verstanden.

Obwohl man auch im Chinesischen – und zwar abhängig von den Tönen – zwischen lang und kurz gesprochenen Silben unterscheidet, ist dieser Unterschied nicht so wichtig wie im Deutschen. Nur die Silben im schwachen Ton spricht man entschieden kürzer. Wie auf den Audiocassetten zu hören ist, sollten Sie zum Üben die einzelnen Silben, mit Ausnahmen derer im schwachen Ton, langgezogen und mit gleicher Dauer sprechen.

Die Töne

Auf einer Skala können die Tonhöhen und -verläufe der vier Töne folgendermaßen veranschaulicht werden. Die Tonhöhen sind nicht absolut, sie stehen in relativer Beziehung zueinander.

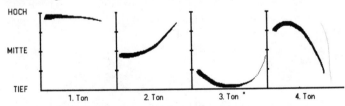

* Der 3. Ton steigt nur dann, wenn die Silbe allein oder am Satzende steht.

1. Der 1. Ton: Dieser Ton hat eine sehr hohe Tonlage und einen gleichbleibenden Tonverlauf, etwa wie in „Basel" oder „Ähnlichkeit", wenn man Ba-→ bzw. Ähn-→ anhaltend hoch spricht.

   [ba] bā, bā, bā, bā
   [la] lā, lā, lā, lā

Die Pinyin-Umschrift und die Aussprache

2. <u>Der 2. Ton</u>: Der Ton steigt etwa von der mittleren Tonlage aus an. Er ähnelt dem zweifelnd fragenden Ton, mit dem man z.B. „was" und „Ball" in „Was↗, das ist ein <u>Ball↗</u>?" spricht.

   [ba] bá, bá, bá, bá,
   [la] lá, lá, lá, lá

3. <u>Der 3. Ton</u>: Er ist der tiefste der vier Töne, wobei man folgendes unterscheiden muß:
   Der 3. Ton beginnt tiefer als der 2. Ton, sinkt noch etwas tiefer ab und bleibt in dieser Tonlage, wenn ihm noch weitere Silben folgen. Gewöhnlich genügt es, ihn nur tief zu sprechen, etwa wie in „<u>Ba↓</u>hamas" oder im gleichgültig gesagten „<u>Na↓</u> und?", wo Ba- bzw. Na sehr tief gesprochen werden.
   Wenn die Silbe im 3. Ton allein oder am Satzende steht, wird sie oft tief und dann noch ansteigend gesprochen.
   Der tiefe 3. Ton kommt häufiger als der tief-steigende vor. Man darf sich nicht durch das Tonzeichen ˇ verleiten lassen, den Ton ohne Beachtung der oben genannten Regeln immer tief-steigend zu sprechen.
   Beachten Sie, daß bei zwei aufeinander folgenden Silben im 3. Ton die erste im 2. Ton gesprochen wird. Das Tonzeichen ˇ bleibt jedoch bestehen.

   Sprechen Sie nur tief: [ba] bǎ, bǎ, bǎ, bǎ
       [la] lǎ, lǎ, lǎ, lǎ
   Sprechen Sie tief-steigend: [ba] bǎ, bǎ, bǎ, bǎ
       [la] lǎ, lǎ, lǎ, lǎ

4. <u>Der 4. Ton</u>: Der 4. ist ein hoch-fallender Ton. Zu Beginn ist er nahezu so hoch wie der 1. Ton. Vergleichbar ist er mit der betonten Silbe in „abs<u>olut</u>" oder einem trotzigen „<u>Nein</u>↘!!".

   [ba] bà, bà, bà, bà
   [la] là, là, là, là

5. <u>Der schwache Ton</u>: Nur einige wenige Schriftzeichen haben den schwachen Ton. Bei den aus zwei Schriftzeichen bestehenden Wörtern kommt es aber häufig vor, daß das zweite Schriftzeichen seinen eigentlichen Ton verliert und stattdessen den schwachen annimmt. Die Silbe wird kurz und flüchtig gesprochen. Die Tonlage ist tief wie etwa bei [ə] in „Linie".

   [baba] bàba, bàba, bàba, bàba   *Vater*
   [putau] pútao, pútao, pútao, pútao   *Weintraube*

Die Laute und Lautverbindungen

Im folgenden werden Anlaute durch einen nachgestellten und Auslaute durch einen vorangestellten Bindestrich gekennzeichnet; ohne Bindestrich handelt es sich um Sprechsilben. Die in den Übungsteilen angeführten Silben sind nur Beispiele und umfassen nicht alle möglichen Lautverbindungen.

Beachten Sie besonders folgende zwei Punkte beim Üben: Die behauchten Laute sind im Chinesischen viel stärker behaucht als im Deutschen. Sprechen Sie die Laute, indem Sie die Hand vor den Mund halten; Sie müssen dabei einen starken Luftstrom spüren können. Achten Sie bei den Lauten ch-, sh-, zh- und r- darauf, daß – im Gegensatz zu c-, s- und z- – die Zungenspitze gehoben werden muß.

6. b- [b], d- [d], g- [g]: wie im Deutschen, aber stimmlos
   p- [pʰ], t- [tʰ], k- [kʰ]: wie im Deutschen, aber viel stärker behaucht

   a, -a [a]: wie in B<u>a</u>d
   an, an- [an]: wie in P<u>an</u>da, aber mit weit gespreizten Lippen
   ang, -ang [aŋ]: wie in <u>Ang</u>st, aber den Mund weiter geöffnet
   ai, -ai [ai]: wie in M<u>ai</u>
   ao, -ao [au]: wie in M<u>aus</u>

à	ān	āng	ài	áo
bā	bàn	bāng	bái	bǎo
dǎ	dàn	dāng	dài	dào
	gān	gāng	gǎi	gào
pà	pán	pàng	pāi	pǎo
tā	tán	tāng	tái	tāo
kǎ	kàn	káng	kāi	kǎo

7. f- [f], l- [l], m- [m], n- [n]: wie im Deutschen
   h- [x]; [h]: wie in A<u>ch</u>; vor dem Vokal [u] wie in <u>h</u>uman, behaucht, vgl. 9.

   -e [ə]: wie in Lini<u>e</u>, wird schwach und kurz gesprochen, kommt nur bei Silben im schwachen Ton vor
   e, -e [ʌ]: wie in Händ<u>e</u>, aber mit mehr Klangfülle

Die Pinyin-Umschrift und die Aussprache

en, -en [ən]: wie in hol<u>en</u> bei langsamer und deutlicher Aussprache
-eng [əŋ]: ein von [ə] (Hä<u>nde</u>) zu [ŋ] (A<u>ng</u>st) gleitender Laut, aber stärker nasal
-ei [ei]: etwa wie in D<u>e</u>gen
er [ər]: wie im Amerikanischen h<u>ur</u>t, mit zurückgebogener Zungenspitze

	è	ēn			èr
		fēn	fēng	fēi	
le	lè		lěng	lèi	
me		mén	mèng	méi	
ne		nèn	néng	nèi	
	hé	hěn	héng	hēi	
de	dé	dèn	dēng	děi	

8. -o [uɔ]: steht nur hinter b, p, m und f; kein geschlossenes [o], sondern wie im englischen w<u>a</u>ter
ou, -ou [ou]: wie im englischen g<u>o</u>
-ong [ʊŋ]: etwa wie in Acht<u>ung</u>

	ōu	
bō		
pó	pōu	
mò	móu	
fó	fǒu	
	dòu	dōng
	tóu	tòng

9. -u [u]: ⎫
   -un [un]: ⎬ außer hinter j,q,x und y ⎧ wie in F<u>u</u>ß
   -uan [uan]: ⎭   ⎨ wie in <u>un</u>s
                                           ⎩ wie im englischen <u>o</u>ne, aber die Lippen weit gespreizt

-ua [ua]: wie in G<u>ua</u>temala
-uai [uai]: wie im englischen w<u>ife</u>

-uang [uaŋ]: ein von [u] (Ufer) zu [aŋ] (Angst) gleitender Laut
-ui [uei]: wie im englischen wait
-uo [uɔ]: wie im englischen water

w- [u]: als Anlaut wird [u] mit w geschrieben, aber wie in Ufer gesprochen
wu [u]: wie in Ufer

gǔ	gùn	guān	guà	guǎi	guāng	guì	guó
hú	hùn	huān	huā	huài	huáng	huì	huǒ
wǔ	wèn	wán	wǎ	wāi	wáng	wèi	wǒ

10. j- [dʑ]: etwa wie im englischen jeep, aber mit entrundeten Lippen, die Zungenspitze berührt den Zahndamm der unteren Schneidezähne, stimmlos und nicht behaucht

    q- [tɕʰ]: im Gegensatz zu j- stark behaucht, etwa wie in hatschi, aber mit der Lippen- und Zungenstellung wie bei j- beschrieben

    x- [ɕ]: etwa wie in schielen, aber mit der Lippen- und Zungenstellung wie bei j- beschrieben

-u [y]:   ü-Laut wie in über

-un [yn]:   wie in mündig

-uan [yan]:   hinter j, q, x und y   ein von [y] (über) zu [an] (Panda) gleitender Laut, beim Übergang zu [an] werden die Lippen weit gespreizt

-ue [yɛ]:   ein von [y] (über) zu [ɛ] (Mädchen) gleitender Laut

y- [i]: wie in Igel, aber noch heller
yu [y]: ü-Laut wie in über

jú	jūn	juǎn	juè
qǔ	qún	quān	quē
xū	xùn	xuǎn	xué
yú	yún	yuǎn	yuè

Die Pinyin-Umschrift und die Aussprache 16

11. -ü [y]: steht nur hinter n und l, wie in über
    -üe [yɛ]: steht nur hinter n und l, ein von [y] (über) zu [ɛ] (Mädchen) gleitender Laut

nü	nüe
lü	lüe

12. -i [i]: außer hinter z, c, s, zh, ch, sh und r wie in mieten, aber noch heller
    -ia [ia]: ein von [i] zu [a] gleitender Laut
    -ian [iɛn]: wie in Ambiente, Lippen weit gespreizt
    -iang [iaŋ]: wie im englischen young
    -iao [iau]: wie in miauen
    -ie [iɛ]: wie im englischen yes
    -in [in]: wie in Linde
    -ing [iŋ]: wie in Jüngling, aber stärker nasal
    -iu [iou]: wie in Yoga
    -iong [iʊŋ]: etwa wie in jung

    y- [i]: als Anlaut wird [i] mit y geschrieben
    yi [i], yi- [i]: wie in Igel

lì	liǎ	liǎn	liáng	liào	liè	lín	líng	liù
xī	xià	xiān	xiǎng	xiǎo	xiě	xīn	xíng	xiū	xiōng
yī	yá	yǎn	yàng	yào	yě	yīn	yīng	yǒu	yòng

13. z- [dz]: wie im englischen woods, stimmlos, nicht behaucht
    zh- [dẓ]: im Gegensatz zu z- mit gehobener Zungenspitze, etwa wie im englischen drip
    c- [tsʰ]: wie in Katze, stark behaucht
    ch- [tṣʰ]: im Gegensatz zu c mit gehobener Zungenspitze, etwa wie im englischen tree, stark behaucht
    s- [s]: wie in weiß
    sh- [ṣ]: im Gegensatz zu s- mit gehobener Zungenspitze

r- [r]: nicht das deutsche [r], eher wie im englischen rude, mit gehobener Zungenspitze

-i [/]: hinter z, zh, c, ch, s, sh und r nicht [i] wie in ziehen!! Die Laute zi, zhi, ci, chi, si, shi und ri werden ohne -i erzeugt. Man spricht nur die Konsonanten, und zwar so lange und mit so viel Klangfülle, bis diese zu selbständigen Lauten werden. Z.B. ci: nicht wie in ziehen, sondern so, als würde [ts] wie in zwei als lange Silbe gesprochen.

zì	zū	zāng
zhī	zhū	zhǎng
cì	cù	cāng
chī	chū	chàng
sì	sù	sǎng
shí	shū	shàng
rì	rú	ràng

14. Üben Sie die Töne. Der Hinweis (⌐) kennzeichnet den Wechsel vom 3. zum 2. Ton:

   a) 1. Ton: sān, sān, sān, sān tiān, sān xīngqī   3, 3, 3, 3 Tage, 3 Wochen

   2. Ton: shí, shí, shí, shí nián, shí tóu niú   10, 10, 10, 10 Jahre, 10 Rinder

   3. Ton: wǔ, wǔ, wǔ, wǔ diǎn, wǔ bǎ sǎn   5, 5, 5, 5 Uhr, 5 Schirme

   4. Ton: èr, èr, èr, èr yuè, èr yuè èr hǎo   2, 2, 2, Februar, der 2. Februar

   b) Üben Sie die Töne anhand der Zahlen von 1-10:
      yī, èr, sān, sì, wǔ, liù, qī, bā, jiǔ, shí
      1   2   3   4   5   6   7   8   9   10

   c) Sprechen Sie die Wörter in der Tonabfolge 1.-1., 1.-2., 1.-3., 1.-4.; 2.-1. usw.:
      qī tiān, qī nián, qī diǎn, qī yuè   7 Tage, 7 Jahre, 7 Uhr, Juli
      shí tiān, shí nián, shí diǎn, shí yuè   10 Tage, 10 Jahre, 10 Uhr, Oktober
      jiǔ tiān, jiǔ nián, jiǔ diǎn, jiǔ yuè   9 Tage, 9 Jahre, 9 Uhr, September
      sì tiān, sì nián, sì diǎn, sì yuè   4 Tage, 4 Jahre, 4 Uhr, April

d) *Sprechen Sie die Sätze, die aus Wörtern in der Tonabfolge 1. bis 4. bestehen:*

Tā shíwǔ suì.   *Sie ist 15 Jahre alt.*
Tā méi yǒu kòng.   *Er hat keine Zeit.*
Tā xué fǎlǜ.   *Sie studiert Jura.*
Tā hěn xiǎng qù.   *Er möchte sehr gerne hingehen.*
Zhōngguó hěn dà.   *China ist sehr groß.*
Sīchóu tǐng guì.   *Seide ist ziemlich teuer.*

e) *Üben Sie den 3. Ton. Beachten Sie, wann er nur tief bleibt und wann er tief-ansteigend verlaufen kann (vgl. 3.). Beim Tonwechsel vom 3. zum 2. Ton ist zu beachten, daß wenn mehr als zwei Silben im 3. Ton aufeinanderfolgen, diese dann in kleine, sinngemäß zusammenhängende Einheiten geteilt werden, innerhalb derer der Tonwechsel erfolgt; hierbei erfahren in der Regel nicht mehr als zwei Silben den Tonwechsel.*

kěyǐ, lǚguǎn, xǐzǎo, yǔsǎn   *dürfen, Hotel, Bad nehmen, Regenschirm*
Nǐ hǎo!   *Guten Tag!*
Nǐ hǎo ma? Hǎo.   *Wie geht es Ihnen? Gut.*
Wǒ yǒu yǔsǎn. Nǐ yě yǒu yǔsǎn ma?   *Ich habe einen Regenschirm. Haben Sie auch einen Regenschirm?*

f) *Üben Sie den schwachen Ton. Achten Sie auch darauf, daß das Verneinungswort bù im 2. Ton gesprochen wird, wenn ihm eine Silbe im 4. Ton folgt:*

bàba, māma, yìsi, míngbai   *Vater, Mutter, Bedeutung, begreifen*
Xièxie! Bú kèqi!   *Danke! Nichts zu danken!*
Tā shi wǒ de hǎo péngyou.   *Er ist mein guter Freund.*
Wǒ bù zhīdao tā de míngzi.   *Ich kenne ihren Namen nicht.*

15. *Achten Sie auf die unterstrichenen Anlaute und sprechen Sie sie mit starker Behauchung:*

bú pà, tiándiǎn, kèguān   *keine Angst haben, süße Speise, objektiv*

pópo, tàitai, kāngkǎi   *Großmutter, (verheiratete) Frau/Ehefrau, großzügig*

hūrán, héhuā, huǒ   *plötzlich, Lotusblume, Feuer*

jīqì, zǎocāo, chuánzhēn   *Maschine, Gymnastik am frühen Morgen, Telefax* qǐchuáng, Cháng Chéng, cōngcù — aufstehen (aus dem Bett), die große Mauer, eilig

16. Üben Sie die Silben mit den stimmlosen Anlauten j-, q- und x-. Die Zungenspitze berührt dabei den Zahndamm der unteren Schneidezähne. Q- wird mit starker Behauchung gesprochen (vgl. 10.):
jīqì, jùjué, jīngjì, xuéqī, xìjié, xiūxi — Maschine, ablehnen, Wirtschaft, Semester, Details, sich ausruhen
Jīntiān xīngqī jǐ? — Welcher Wochentag ist heute?
Wǒ jiějie qù jiē Xú Xiānsheng le. — Meine (ältere) Schwester ist Herrn Xú abholen gegangen.

17. Sprechen Sie z-, c-, s- mit flach liegender Zunge und zh-, ch-, sh-, r- mit gehobener Zungenspitze. R- ist ein Reibelaut, die übrigen sind stimmlos. Außer c-, ch- sind die übrigen Laute nicht behaucht (vgl. 13.):
zài - zhāi, cún - chún, sǎ - shǎ — wieder - pflücken, aufbewahren - rein, streuen - dumm
cúnzài, cèsuǒ, chēzhàn, shǎoshù — existieren, Toilette, Haltestelle, Minderzahl
chūzū, suànshù, zhùzài, càichǎng — vermieten, Arithmetik, wohnen in, Markt (für Lebensmittel)
suīrán, rénmín, rúguǒ, ròu — obwohl, Volk, wenn, Fleisch

18. Unterscheiden Sie den vokalischen i-Auslaut von dem hinter z, c, s, zh, ch, sh, r stehenden -i, das nicht als Vokal gesprochen wird; hier bilden die Konsonanten allein die Sprechsilben (vgl. 13.):
dìdi, mìmì, nǐ, jīqì, píqi, xī-yī — jüngerer Bruder, Geheimnis, du/Sie, Maschine, Temperament, westliche Medizin
zìzhì, zhīchí, chīfàn, sì cì, shíshì — Autonomie, unterstützen, essen, vier Mal, aktuelle (politische) Ereignisse
zìjǐ, zhīqìguǎn, chīlì, dì sì cì, lìshǐ — selbst, Bronchitis, mühsam, zum vierten Mal, Geschichte
sìshí sì zhī shí shīzi — 44 steinerne Löwen
Rìběn, rìcháng, rìqī — Japan, alltäglich, Datum

Die Pinyin-Umschrift und die Aussprache

19. *Unterscheiden Sie* -e *von* -ei *(vgl. 7.):*
    Déguó, sùshè, kuàilè, cèsuǒ, qìchē Deutschland, Wohnheim, glücklich, Toilette, Auto
    děi, shéi, hěn lèi, Běijīng, fēijī müssen, wer, sehr müde, Beijing, Flugzeug
    Shéi děi xué Déwén? Wer muß Deutsch lernen?

20. *Unterscheiden Sie* -o [uɔ] *von* -ou [ou] *(vgl. 8.).:*
    Bólín, pópo, mòshuǐ, fójiào Berlin, Großmutter, Tinte, Buddhismus
    Ōuzhōu, pōukāi, móu lì, fǒurèn Europa, aufschneiden, nach Profit jagen, dementieren

21. *Der mit* w- *geschriebene Anlaut wird* [u] (Ufer) *gesprochen. Dabei dürfen die Zähne die Lippen nicht berühren (vgl. 9.):*
    wǔshí, wēixiǎn, Wáng Nǚshì, wàiwén 50, gefährlich, Frau Wáng, Fremdsprache
    Wǒ wǎnshang qù wèn tā. Ich gehe ihn abends fragen.

22. *Der mit* y- *geschriebene Anlaut wird* [i] (Igel) *gesprochen. Beachten Sie, daß die Silbe* yi *nur den Laut* [i], yu *nur den Laut* [y] (über) *hat (vgl. 10., 12.):*
    yì tiáo yú, yóuyǒng, yuèliǎng, Yīngyǔ ein Fisch, schwimmen, Mond, Englisch
    Wǒ hái yǒu yìdiǎnr jiàngyóu. Ich habe noch etwas Sojasoße.

23. *Bei den Endungen* -an, -uan, -ian *und den Silben* wan, yan *müssen Sie die Lippen breit spreizen:*
    ānquán, jiànmiàn, Wǎn'ān!, Zàijiàn! sicher, sich treffen, Gute Nacht!, Auf Wiedersehen!
    yǎnjīng, xiāngyān, yànhuì Auge, Zigarette, Bankett

24. *Unterscheiden Sie die auf* -n *von den auf* -ng *endenden Lauten:*
    mǎnyì - mángguǒ, kāimén - zuòmèng zufrieden - Mango, Tür aufmachen - träumen
    yīnwèi - Yīngwén, liànxí - liángxīn weil - Englisch, üben - Gewissen
    chuán - chuáng, xióng, lóng Boot - Bett, Bär, Drachen

25. *Lesen Sie den Kinderreim:*

数字 歌
Shùzì gē

一, 二, 三,
Yī, èr, sān,

爬 上 山.
páshàng shān.

四, 五, 六,
Sì, wǔ, liù,

翻 筋斗.
fān jīndǒu.

七, 八, 九,
Qī, bā, jiǔ,

拍 皮球.
pāi píqiú.

伸出 两 只 手
Shēnchū liǎng zhī shǒu,

十 个 手指头.
shí ge shǒuzhǐtou.

Lied von den Zahlen

Eins, zwei, drei,

ich steige auf den Berg.

Vier, fünf, sechs,

ich mache einen Salto.

Sieben, acht, neun,

ich spiele mit dem Ball.

Streck ich beide Hände aus,

habe ich zehn Finger.

第一课 Lektion 1

1A Text

1. 这 是 中国.
   Zhè shi Zhōngguó.

   Das ist China.

   这 是 德国.
   Zhè shi Déguó.

   Das ist Deutschland.

   这 是 英国 吗? 是.
   Zhè shi Yīngguó ma? Shì.

   Ist das England? Ja.

   这 是 法国 吗? 是的.
   Zhè shi Fǎguó ma? Shì de.

   Ist das Frankreich? Ja.

   这 是 日本 吗? 对.
   Zhè shi Rìběn ma? Duì.

   Ist das Japan? Ja. / Richtig.

2. 我 是 王 美玉.　　　　Ich bin Wáng Měiyù.
   Wǒ shi Wáng Měiyù.
   我 是 中国人.　　　　Ich bin Chinesin.
   Wǒ shi Zhōngguórén.
   我 是 老师.　　　　　Ich bin Lehrerin.
   Wǒ shi lǎoshī.
   我 教 中文.　　　　　Ich unterrichte
   Wǒ jiāo Zhōngwén.　　Chinesisch.

3. 他 是 史 大卫.　　　　Er ist Shǐ Dàwèi
   Tā shi Shǐ Dàwèi.　　　(David Smith).
   他 是 英国人.　　　　Er ist Engländer.
   Tā shi Yīngguórén.
   他 是 学生.　　　　　Er ist Student.
   Tā shi xuésheng.
   他 学 经济 和 中文.　Er studiert Wirtschaft
   Tā xué jīngjì hé Zhōngwén.　und Chinesisch.

4. 她 是 贝 安丽.　　　　Sie ist Bèi Ānlì
   Tā shi Bèi Ānlì.　　　　(Angelika Becker).
   她 是 德国人.　　　　Sie ist Deutsche.
   Tā shi Déguórén.
   她 是 翻译.　　　　　Sie ist Übersetzerin.
   Tā shi fānyì.
   她 翻译 中文 和 英文.　Sie übersetzt Chinesisch
   Tā fānyì Zhōngwén hé Yīngwén.　und Englisch.

5. 王 美玉 教 中文 吗?　Unterrichtet Wáng Měiyù Chinesisch?
   Wáng Měiyù jiāo Zhōngwén ma?
   是 的.　　　　　　　Ja.
   Shì de.
   贝 安丽 翻译 中文 和　Übersetzt Bèi Ānlì Chinesisch und
   Bèi Ānlì fānyì Zhōngwén hé

第一课 Lektion 1

英文 吗? 对. Englisch? Ja. / Richtig.
Yīngwén ma? Duì.

6. 你 是 法国人 吗? Sind Sie Französin?
   Nǐ shi Fǎguórén ma?
   不 是. Nein.
   Bú shi.
   你 是 英国人 吗? Sind Sie Engländerin?
   Nǐ shi Yīngguórén ma?
   不, 我 是 德国人. Nein, ich bin Deutsche.
   Bù, wǒ shi Déguórén.

7. 他 学习 日文 吗? Studiert er Japanisch?
   Tā xuéxí Rìwén ma?
   不. / 不 是. Nein. / Nein.
   Bù. / Bú shi.
   他 学习 法文 吗? Studiert er Französisch?
   Tā xuéxí Fǎwén ma?
   不, 他学习经济 和 中文. Nein, er studiert Wirtschaft und Chinesisch.
   Bù, tā xuéxí jīngjì hé Zhōngwén.

Vokabeln

zhè	这	dies; das (hier)	xuésheng	学生	Student; Schüler
shì	是	(Kopula) sein	xué + Obj.	学	lernen + Obj.; studieren + Obj.
Zhōngguó	中国	China			
Déguó	德国	Deutschland	jīngjì	经济	Wirtschaft
Yīngguó	英国	England	hé	和	und
ma	吗	Fragepartikel zur Bildung einer Entscheidungsfrage	tā	她	sie
			Déguórén	德国人	Deutscher
			fānyì	翻译	Übersetzer; Dolmetscher; übersetzen; dolmetschen; Übersetzung
Shì.	是.	Ja.			
Fǎguó	法国	Frankreich			
Shì de.	是的.	Ja.	Yīngwén	英文	Englisch
Rìběn	日本	Japan	nǐ	你	du; Sie
duì	对	richtig	Fǎguórén	法国人	Franzose
Duì.	对.	Ja.; Richtig.	Bú shi.	不是.	Nein.
wǒ	我	ich	Bù, ...	不, ...	Nein, ...
rén	人	Mensch	xuéxí	学习	lernen; studieren
Zhōngguórén	中国人	Chinese	Rìwén	日文	Japanisch
lǎoshī	老师	Lehrer	Bù.	不.	Nein.
jiāo + Obj.	教	unterrichten + Obj.	Fǎwén	法文	Französisch
Zhōngwén	中文	Chinesisch	Wáng Měiyù	王美玉	Personenname
tā	他	er	Shǐ Dàwèi	史大卫	Personenname
Yīngguórén	英国人	Engländer	Bèi Ānlì	贝安丽	Personenname

第一课 Lektion 1

1B Mustersätze

1. **Satz mit der Kopula** 是 shì
   - a) Wǒ shi xuésheng. — *Ich bin Student.*
   - b) Wáng Měiyù shi lǎoshī. — *Wáng Měiyù ist Lehrerin.*
   - c) Tā shi fānyì. — *Er ist Übersetzer.*

2. **Satz mit Verbalprädikat**
   - a) Wǒ jiāo Zhōngwén. — *Ich unterrichte Chinesisch.*
   - b) Tā fānyì Yīngwén. — *Sie übersetzt Englisch.*
   - c) Zhāng Jiàn xuéxí jīngjì. — *Zhāng Jiàn studiert Wirtschaft.*

3. **Ländernamen, Bezeichnung der Nationalität und Sprache**
   - A) a) Zhè shi Déguó. — *Das ist Deutschland.*
      - b) Wǒ shi Déguórén. — *Ich bin Deutscher.*
      - c) Wǒ jiāo Déwén. — *Ich unterrichte Deutsch.*
   - B) a) Zhè shi Rìběn. — *Das ist Japan.*
      - b) Tā shi Rìběnrén. — *Sie ist Japanerin.*
      - c) Tā jiāo Rìwén. — *Sie unterrichtet Japanisch.*

4. **Fragesatz mit** 吗 ma, **Antwort**
   - a) Nǐ shi Fǎguórén ma? — *Sind Sie Franzose?*
     Shì. / Shì de. / Duì. — *Ja. / Ja. / Richtig.*
   - b) Tā xuéxí Yīngwén ma? — *Studiert er Englisch?*
     Shì de. / Duì. — *Ja. / Richtig.*
   - c) Nǐ shi xuésheng ma? — *Sind Sie Studentin?*
     Bú shi. — *Nein.*
   - d) Nǐ shi lǎoshī ma? — *Sind Sie Lehrer?*
     Bù, wǒ shi fānyì. — *Nein, ich bin Dolmetscher.*
   - e) Tā xué jīngjì ma? — *Studiert er Wirtschaft?*
     Bù. / Bú shi. — *Nein. / Nein.*
   - f) Nǐ jiāo Fǎwén ma? — *Unterrichtest du Französisch?*
     Bù, wǒ jiāo Déwén. — *Nein, ich gebe Deutsch.*

1C Grammatik

1. Substantiv

Die Substantive im Chinesischen haben nicht wie im Deutschen ein bestimmtes Genus. Es gibt weder Artikel, die auf das grammatische Geschlecht (**der** Tisch), noch Wortendungen, die auf das natürliche Geschlecht (Lehrer**in**) hinweisen. Ferner kennt das Substantiv – bis auf wenige Ausnahmen – keine Pluralbildung.
So kann z.B. das Substantiv 学生 xuésheng je nach Kontext *Student, Studentin, Studenten* oder *Studentinnen* bedeuten.
Der Einfachheit halber wird in diesem Lehrwerk ein Substantiv, das ohne Kontexthinweise auf die Zahl und das natürliche Geschlecht erscheint, folgendermaßen ins Deutsche übersetzt:
— Zahl: Steht ein Substantiv alleine, wird es nur im Singular, in einzelnstehenden Sätzen auch im Plural wiedergegeben.
— Natürliches Geschlecht: Steht ein Substantiv alleine, wird es nur im Maskulinum übersetzt. In einzelnstehenden Sätzen wird es abwechselnd auch im Femininum wiedergegeben.
Im Chinesischen gibt es keine Kasusformen. Das Substantiv sowie dessen Attribut bleiben immer unverändert.
Wörter, die im Chinesischen als Substantive angesehen werden, decken sich nicht immer mit denen im Deutschen. Beispielsweise sind Lokalwörter wie 这儿 zhèr *hier* oder 下面 xiàmian *untere Seite, unten, unter* im Gegensatz zum Deutschen Substantive. Manche Substantive können gleichzeitig einer anderen Wortart angehören. So kann z.B. 翻译 fānyì sowohl *übersetzen* als auch *Übersetzung* heißen.

2. Schriftzeichen, Wort, Wortbildung

Jedes chinesische Schriftzeichen ist, abgesehen von denen, die nur als grammatische Funktionswörter auftreten, eine bedeutungstragende Einheit. Es gibt Schriftzeichen, von denen jedes als einzelnes bereits ein Wort ist.

我	*ich*	老	*alt*
wǒ		lǎo	

Viele Wörter bestehen jedoch aus zwei oder – seltener – mehreren Schriftzeichen.

老师	*Lehrer*	中国人	*Chinese*
lǎoshī		Zhōngguórén	

第一课 Lektion 1

Das Schriftzeichen 师 shī in 老师 lǎoshī bedeutet *Lehrer* und 国 guó in 中国人 Zhōngguórén *Staat*. 师 und 国 gehören zu jenen Schriftzeichen, die in der modernen Umgangssprache nicht als Wort, sondern nur als Bestandteil eines Wortes gebraucht werden.

Betrachtet man die Bedeutung der einzelnen Schriftzeichen, die ein Wort bilden, so kann man unterscheiden:

a) Wörter, die aus bedeutungsidentischen oder -verwandten Schriftzeichen bestehen.

朋	+	友	=	*Freund*	+	*Freund*	→	朋友 *Freund*
péng		yǒu						péngyǒu
学	+	习	=	*lernen*	+	*üben*	→	学习 *lernen*
xué		xí						xuéxí

b) Wörter, die aus Schriftzeichen unterschiedlicher Bedeutung bestehen, deren Kombination eine neue Bedeutung ergibt.

记	+	者	=	*auf-zeichnen*	+	*ausführende Person*	→	记者 *Journalist*		
jì		zhě						jìzhě		
好	+	看	=	*gut*	+	*ansehen*	→	好看 *hübsch*		
hǎo		kàn						hǎokàn		
红	+	绿	+	灯	=	*rot* + *grün* + *Licht*	→	红绿灯 *Ampel*		
hóng		lǜ		dēng				hónglǜdēng		

Einige Gesetzmäßigkeiten der Wortbildung können anhand von Ländernamen, Bezeichnungen von Nationalitäten und Sprachen aufgezeigt werden.

Ländernamen

a) Die Bezeichnung besteht aus einem Schriftzeichen, dessen Laut die Anfangssilbe des Ländernamens in der Originalsprache annähernd wiedergibt, und dem Schriftzeichen 国 guó, das *Staat* bedeutet.

Deutschland:	德	+	国	→	德国
	dé		guó		Déguó
England:	英	+	国	→	英国
	yīng		guó		Yīngguó

b) Die Bezeichnung besteht aus Schriftzeichen, deren Laute alle Silben des Ländernamens in der Originalsprache annähernd wiedergeben. 国 guó *Staat* wird dann nicht verwendet.

Italien:	意	+	大	+	利	→	意大利
	yì		dà		lì		Yìdàlì
Spanien:	西	+	班	+	牙	→	西班牙
	xī		bān		yá		Xībānyá

Bezeichnung der Nationalität

Ländername + 人 rén *Mensch*

Deutscher:	德国	+	人	→	德国人
	Déguó		rén		Déguórén
Japaner:	日本	+	人	→	日本人
	Rìběn		rén		Rìběnrén

Bezeichnung der Sprache

a) erstes Schriftzeichen des Ländernamens + 文 wén *Schrift, Sprache*

Deutsch:	德	+	文	→	德文
	dé		wén		Déwén
Japanisch:	日	+	文	→	日文
	rì		wén		Rìwén

b) Ländername + 文 wén

Italienisch:	意大利	+	文	→	意大利文
	Yìdàlì		wén		Yìdàlìwén
Spanisch:	西班牙	+	文	→	西班牙文
	Xībānyá		wén		Xībānyáwén

3. Verb

Anders als im Deutschen werden Verben im Chinesischen nicht konjugiert. Während im Deutschen die Zeitstufe (Gegenwart, Vergangenheit, Zukunft) fast immer durch Verbformen oder Hilfsverben ausgedrückt wird, sind grammatische Mittel dafür im

第一课 Lektion 1

Chinesischen in den meisten Fällen nicht vorhanden. Man ist dann auf den Kontext angewiesen. So können die einzelstehenden Sätze je nach Kontext heißen:

我	是	记者.	*Ich bin/war Journalistin.*
Wǒ	shi	jìzhě.	
他	教	中文.	*Er unterrichtet/unterrichtete*
Tā	jiāo	Zhōngwén.	*Chinesisch.*

4. Satz mit der Kopula 是 shì

是 shì ist das Satzband, das das Subjekt mit dem Prädikatsnomen bzw. einem Substantiv oder einer Substantivgruppe verknüpft. Es wird als Kopula bezeichnet. Anders als die Kopula „sein" im Deutschen verbindet 是 shì das Subjekt in der Regel nicht mit einem prädikativ gebrauchten Adjektiv (Sie ist **jung**). Vgl. L 6.

Subjekt	是 shi	Prädikats- nomen	
我 Wǒ	是 shi	德国人. Déguórén.	*Ich bin Deutscher.*
她 Tā	是 shi	学生. xuésheng.	*Sie ist Studentin.*

是 shì hat eigentlich den 4. Ton. In Sätzen wird es jedoch überwiegend im schwachen Ton shi gesprochen, es sei denn, man will Nachdruck auf 是 shì legen.

5. Verbalprädikat

Im Chinesischen kann ein Verb, anders als im Deutschen aber auch ein Adjektiv oder ein Substantiv als Prädikat auftreten. Als Verbalprädikat bezeichnet man ein Prädikat, das aus einem Verb besteht.

a) Wortstellung im Satz ohne Objekt:

Subjekt	Verbalprädikat	
他 Tā	翻译. fānyì.	*Er dolmetscht.*

b) Mögliche Wortstellung im Satz mit Objekt:

Subjekt	Verbalprädikat	Objekt	
我	教	经济.	Ich unterrichte Wirtschaft.
Wǒ	jiāo	jīngjì.	

6. Verben mit Ergänzung

Manche Verben, z.B. 学 xué *lernen, studieren* oder 教 jiāo *lehren, unterrichten*, dürfen nicht ohne Objekt gebraucht werden, es sei denn, das Objekt wurde vorher erwähnt und wird bei nochmaliger Bezugnahme ausgelassen. So fordert z.B. das Verb 学 xué ein Objekt, während das gleichbedeutende Verb 学习 xuéxí auch ohne Objekt gebraucht werden kann.

她	在	法国	学习.		*Sie studiert in Frankreich.*
Tā	zài	Fǎguó	xuéxí.		
她	在	法国	学 / 学习	法文.	*Sie studiert Französisch in Frankreich.*
Tā	zài	Fǎguó	xué/xuéxí	Fǎwén.	

7. Entscheidungsfrage mit 吗 ma

Eine Entscheidungsfrage ist eine Frage, auf die man mit „ja" oder „nein" antwortet. Sie kann mit der Fragepartikel 吗 ma gebildet werden. 吗 ma steht am Satzende. Die Wortstellung entspricht der des Aussagesatzes.

她	是	日本人.		*Sie ist Japanerin.*
Tā	shi	Rìběnrén.		
她	是	日本人	吗?	*Ist sie Japanerin?*
Tā	shi	Rìběnrén	ma?	
我	翻译	日文.		*Ich übersetze Japanisch.*
Wǒ	fānyì	Rìwén.		
你	翻译	日文	吗?	*Übersetzen Sie Japanisch?*
Nǐ	fānyì	Rìwén	ma?	

8. Antwort auf eine Entscheidungsfrage

Im Deutschen kann man als Antwort „ja" oder „nein" sagen. Im Chinesischen gibt es solche allgemein verwendbaren Wörter nicht. Je nachdem, nach welchem Satzglied gefragt wird, muß „ja" bzw. „nein" unterschiedlich wiedergegeben werden.

第一课 Lektion 1

a) Enthält die Frage die Kopula 是 shì, bejaht man mit 是 shì oder 是的 shìde. Hierfür kann auch 对 duì im Sinne von *richtig* gebraucht werden.

| 你 | 是 | 记者 | 吗? | Sind Sie Journalist? |
| Nǐ | shi | jìzhě | ma? | |

是. / 是的. / 对. Ja. / Ja. / Richtig.
Shì. / Shì de. / Duì.

Die Antwort *nein* ist 不是 bú shi. 不是 bú shi wird oft zu 不 bù verkürzt, wenn die zutreffende Antwort vollständig folgt.

他 是 法国人 吗? Ist er Franzose?
Tā shi Fǎguórén ma?

不是. / 不, 他 是 德国人.
Bú shi. / Bù, tā shi Déguórén. Nein. / Nein, er ist Deutscher.
不是,
Bú shi,

b) Wenn sich die Frage nicht auf das Prädikat, sondern auf ein anderes Satzglied, z.B. das Objekt bezieht, bejaht man mit 是的 shì de oder 对 duì.

你 学 日文 吗? Studierst du **Japanisch**?
Nǐ xué Rìwén ma?

是的. / 对. Ja. / Ja.
Shì de. / Duì.

Die Antwort *nein* ist 不 bù oder 不是 bú shi. Folgt noch die zutreffende Antwort, wird meist nur 不 bù verwendet.

她 教 英文 吗? Unterrichtet sie **Englisch**?
Tā jiāo Yīngwén ma?

不. / 不是. / 不, 她 教 法文. Nein. / Nein. / Nein, sie unterrich-
Bù. / Bú shi. / Bù, tā jiāo Fǎwén. tet Französisch.

Beachten Sie: 不 bù hat den 4. Ton. Folgt auf 不 bù eine Silbe im 4. Ton, dann wird 不 im zweiten Ton gesprochen. Vor 是 hat 不 den 2. Ton, auch wenn 是 in einem Satz im schwachen Ton gesprochen wird.

9. Die Konjunktion 和 hé

Die Konjunktion 和 hé bedeutet *und*. Beachten Sie, daß 和 hé im Gegensatz zum deutschen „und" keine Sätze verknüpfen darf.

我 学 中文 和 日文.   *Ich lerne Chinesisch und Japa-*
Wǒ xué Zhōngwén hé Rìwén.   *nisch.*

10. Chinesische Namen

Ein chinesischer Name beginnt mit dem Familiennamen.

Familienname	Rufname
王 Wáng	美玉 Měiyù
林 Lín	进 Jìn

Bis auf wenige Fälle besteht ein Familienname nur aus einem Schriftzeichen. Manche Rufnamen setzen sich aus zwei Schriftzeichen zusammen, manche haben nur ein Schriftzeichen. Es gibt keine festgelegten oder eingebürgerten Rufnamen. Bei der Wahl eines männlichen Rufnamens vermeiden die Eltern Schriftzeichen, die in ihrer Bedeutung traditionell als weiblich aufgefaßt werden. Dies gilt auch für weibliche Rufnamen.

Auch Ausländer können sich einen chinesischen Namen zulegen. Der Familienname kann nur aus den etwa hundert überlieferten Familiennamen ausgesucht werden. Bei der Auswahl der Schriftzeichen berücksichtigt man neben der Bedeutung auch den Klang, so daß sich möglichst eine Verbindung zu den Lauten des Namens in der eigenen Sprache herstellen läßt.

Becker,	*Angelika*	*Jansen,*	*Günther*
贝 Bèi	安丽 Ānlì	杨 Yáng	骏德 Jùndé
	(安 ān *friedlich, ruhig* 丽 lì *schön*)		(骏 jùn *prächtiges Pferd* 德 dé *Tugend*)

Der Ausländer kann aber auch seinen Namen vollständig lautlich ins Chinesische übertragen ohne Rücksicht auf die Bedeutung. Dafür werden Schriftzeichen verwendet, deren Lautwert dem ursprünglichen Namen möglichst nahekommt. Der Name

第一课 Lektion 1

wird dann in der Reihenfolge Rufname vor Familienname belassen. Im offiziellen Gebrauch, vor allem bei Namen ausländischer Persönlichkeiten des öffentlichen Lebens, wird fast nur eine solche Übertragung vorgenommen.

George	Washington
乔治	华盛顿
Qiáozhì	Huáshèngdùn

In China nimmt das Kind meist den Familiennamen des Vaters an. Die Ehefrau behält ihren Mädchennamen.

1D Übungen

1. *Geben Sie die richtigen Töne an:*
   a) 他 ta / 中文 Zhongwen / 英国 Yingguo
   b) 和 he / 学习 xuexi / 德国人 Deguoren
   c) 我 wo / 老师 laoshi / 法文 Fawen
   d) 对 dui / 日本 Riben / 翻译 fanyi
   e) 学生 xuesheng / 吗 ma

2. *Nennen Sie fünf Sprachen auf chinesisch.*

3. *Bezeichnen Sie drei Berufe auf chinesisch.*

4. *Geben Sie die Nationalität folgender Personen auf chinesisch an:*
   Beispiel: Beethoven: Tā shi Déguórén.

a) Voltaire:

b) Konfuzius: *Laotse*

c) Goethe:

   d) Shakespeare: e) Akira Kurosawa: f) Sie selbst:

5. *Stellen Sie Fragen mit Hilfe von* 吗 *ma:*
   Beispiel: er – Deutscher? : Tā shi Déguórén ma?
   a) du – Japanerin?   b) sie *(3.Pers.Sing.)* – Lehrerin?   c) Sie *(2.Pers.Sing.)* – Student?   d) er – Deutscher?

6. *Antworten Sie auf die Fragen zu den Personen im Lektionstext:*
   a) <u>Was</u> lehrt Wáng Měiyù?   b) Welche Sprachen übersetzt Bèi Ānlì?   c) Was studiert Shǐ Dàwèi?

7. *Ihr Freund erkundigt sich bei Ihnen über die Personen im Lektionstext. Wie stellt er die folgenden Fragen?*
   Shǐ Dàwèi:
   a) ob er Engländer ist?   b) ob er Lehrer ist?   c) ob er Wirtschaft und Chinesisch studiert?
   Wáng Měiyù:
   d) ob sie Übersetzerin ist?   e) ob sie Englisch lehrt?
   Bèi Ānlì:
   f) ob sie Französin ist?   g) ob sie Übersetzerin ist?   h) ob sie Französisch übersetzt?

8. *Antworten Sie auf die Fragen Ihres Freundes. Beantworten Sie die zu bejahenden Fragen kurz mit „ja". Fügen Sie bei den zu verneinenden Fragen nach der Verneinung noch die richtigen Antworten hinzu.*

第二课 *Lektion 2*
Dì èr kè

2A Text

1.

○	一	二	三	四	五	六	七	八	九	十
líng	yī	èr	sān	sì	wǔ	liù	qī	bā	jiǔ	shí
0	1	2	3	4	5	6	7	8	9	10

2. 贝 女士 有 一 个 女儿.
Bèi Nǚshì yǒu yí ge nǚ'ér.

Frau Bèi hat eine Tochter.

她 叫 Jenny.
Tā jiào Jenny.

Sie heißt Jenny.

Jenny 喜欢 骑 自行车.
Jenny xǐhuan qí zìxíngchē.

Jenny fährt gerne Fahrrad.

一辆自行车   yí liàng zìxíngchē

她 有 两 辆 自行车.
Tā yǒu liǎng liàng zìxíngchē.

Sie hat zwei Fahrräder.

3. 王 老师 有 一 个 儿子.   *Lehrerin Wáng hat einen Sohn.*
   Wáng Lǎoshī yǒu yí ge érzi.

八个乒乓球   bā ge pīngpāngqiú

他 叫 小龙.   *Er heißt Xiǎolóng.*
Tā jiào Xiǎolóng.

小龙 喜欢 打 乒乓球.   *Xiǎolóng spielt gerne Tischtennis.*
Xiǎolóng xǐhuan dǎ pīngpāngqiú.

他 有 八 个 乒乓球.   *Er hat acht Tischtennisbälle.*
Tā yǒu bā ge pīngpāngqiú.

4. 史 先生 喜欢 拉 小提琴.   *Herr Shǐ spielt gerne Geige.*
   Shǐ Xiānsheng xǐhuan lā xiǎotíqín.

   他 有 三 把 小提琴.   *Er hat drei Geigen.*
   Tā yǒu sān bǎ xiǎotíqín.

这 个 孩子 叫 张 小龙.   *Dieses Kind heißt Zhāng Xiǎolóng.*
Zhè ge háizi jiào Zhāng Xiǎolóng.

第二课 Lektion 2

5. Xiǎolóng (B) sieht Herrn Shǐ (A). Interessiert betrachtet er dessen Geige.

A: 你叫什么名字? Wie heißt du?
   Nǐ jiào shénme míngzi?

B: 我叫张小龙. Ich heiße Zhāng Xiǎolóng.
   Wǒ jiào Zhāng Xiǎolóng.

   这是什么? Was ist das?
   Zhè shi shénme?

A: 这是小提琴. 我喜欢拉 Das ist eine Geige. Ich spiele gerne Geige. Was machst du gerne?
   Zhè shi xiǎotíqín. Wǒ xǐhuan lā
   小提琴. 你喜欢做什么?
   xiǎotíqín. Nǐ xǐhuan zuò shénme?

B: 我喜欢打乒乓球. Ich spiele gerne Tischtennis.
   Wǒ xǐhuan dǎ pīngpāngqiú.

   你喜欢打乒乓球吗? Spielen Sie gerne Tischtennis?
   Nǐ xǐhuan dǎ pīngpāngqiú ma?

A: 喜欢. Ja.
   Xǐhuān.

B: 你有乒乓球吗? Haben Sie Tischtennisbälle?
   Nǐ yǒu pīngpāngqiú ma?

A: 有. Ja.
   Yǒu.

B: 你有几个? Wie viele haben Sie?
   Nǐ yǒu jǐ ge?

A: 两个. Zwei.
   Liǎng ge.

B: 我有八个. Ich habe acht.
   Wǒ yǒu bā ge.

Vokabeln

líng	零, 0	Null
yī	一	eins; ein
èr	二	zwei
sān	三	drei
sì	四	vier
wǔ	五	fünf
liù	六	sechs
qī	七	sieben
bā	八	acht
jiǔ	九	neun
shí	十	zehn
gè	个	ZEW z. B. für Mensch; das am häufigsten gebrauchte ZEW
háizi	孩子	Kind
liǎng	两	zwei
liàng	辆	ZEW für Fahrzeug
chē	车	Fahrzeug, Auto (ZEW: 辆 liàng)
zìxíngchē	自行车	Fahrrad (ZEW: 辆 liàng)
qiú	球	Ball
pīngpāngqiú	乒乓球	Tischtennisball
bǎ	把	ZEW für Geige, Messer, Schlüssel usw.
xiǎo	小	klein
xiǎotíqín	小提琴	Geige (ZEW: 把 bǎ)
nǚ	女	weiblich
X Nǚshì	X 女士	in der Anrede: Frau X
yǒu	有	haben
nǚ'ér	女儿	Tochter
jiào	叫	heißen; rufen
xǐhuan	喜欢	mögen, gerne haben
xǐhuan + Verb	喜欢 + Verb	etw. gerne machen
qí	骑	reiten; (Fahrrad) fahren
érzi	儿子	Sohn
dǎ	打	schlagen; (Ball) spielen
xiānsheng	先生	Herr (ZEW: 个 gè, 位 wèi)
lā	拉	ziehen; (Geige) spielen
shénme	什么	was
shénme + Substantiv	什么 + Subst.	was für ein(e)
zì	字	Schriftzeichen
míngzi	名字	(vollständiger) Name; Vorname
X jiào shénme míngzi?	X 叫什么名字?	Wie heißt X?
zuò	做	machen
jǐ	几	wie viele
Zhāng Xiǎolóng	张小龙	Personenname

第二课 Lektion 2

2B Mustersätze

1. **Anrede**
   a) Zhè shi Zhāng Nǚshì. Das ist Frau Zhāng.
   b) Lǐ Xiānsheng, nǐ yǒu pīngpāngqiú ma? Herr Lǐ, haben Sie einen Tischtennisball?
   c) Wáng Lǎoshī jiāo Zhōngwén. Lehrerin Wáng unterrichtet Chinesisch.

2. **Zähleinheitswort (ZEW)**
   a) Zahl + ZEW + Substantiv
   sān ge Rìběnrén drei Japaner
   liǎng ge míngzi zwei Namen
   liù ge qiú sechs Bälle
   yí liàng zìxíngchē ein Fahrrad
   sì bǎ xiǎotíqín vier Geigen
   b) 几 jǐ + ZEW + Substantiv
   jǐ ge lǎoshī? wie viele Lehrer?
   jǐ bǎ xiǎotíqín? wie viele Geigen?
   c) 这 zhè + ZEW + Substantiv,
   这 zhè + Zahl + ZEW + Substantiv
   zhè ge háizi dieses Kind
   zhè liǎng liàng chē die(se) zwei Autos

3. **Ergänzungsfragen**
   几 **jǐ**
   a) Tā yǒu jǐ ge háizi? Wie viele Kinder hat sie?
   Tā yǒu liǎng ge háizi, yí ge nǚ'ér, yí ge érzi. Sie hat zwei Kinder, eine Tochter, einen Sohn.
   b) Jǐ ge xuésheng xué xiǎotíqín? Wie viele Schüler lernen Geige?
   Shí ge xuésheng xué xiǎotíqín. Zehn Schüler lernen Geige.
   c) Nǐ yǒu jǐ liàng zìxíngchē? Wie viele Fahrräder hast du?
   Yí liàng. Eins.
   Bái Xiānsheng yǒu jǐ liàng? Wie viele hat Herr Bái?
   Wǔ liàng. Fünf.

   什么 **shénme**
   a) Zhè shi shénme? Was ist das?
   Zhè shi xiǎotíqín. Das ist eine Geige.

    b) Bèi Nǚshì fānyì shénme?   *Was übersetzt Frau Bèi?*
        Tā fānyì Zhōngwén hé   *Sie übersetzt Chinesisch und Englisch.*
        Yīngwén.
    c) Nǐ xǐhuan zuò shénme?   *Was machen Sie gerne?*
        Wǒ xǐhuan dǎ pīngpāngqiú.   *Ich spiele gerne Tischtennis.*
    d) Tā jiào shénme míngzi?   *Wie heißt sie?*
        Tā jiào Wáng Lín.   *Sie heißt Wáng Lín.*
    e) Zhè shi shénme qiú?   *Was ist das für ein Ball?*
        Zhè shi pīngpāngqiú.   *Das ist ein Tischtennisball.*

4. Auf das Verbalprädikat bezogene Bejahung

    a) Dīng Lǎoshī, nǐ yǒu zìxíngchē ma?   *Lehrer Dīng, haben Sie ein Fahrrad?*
        Yǒu.   *Ja.*
    b) Nǐ xǐhuan Fǎguó ma?   *Mögen Sie Frankreich?*
        Xǐhuan.   *Ja.*

2C Grammatik

1. Anrede

Im Chinesischen steht der Familienname vor der Anrede wie ,,Frau, Herr, Professor" usw. Anders als im Deutschen werden viele Berufs- oder Amtsbezeichnungen wie ,,Lehrer, Sekretär" oder ,,Manager" auch in der Anrede verwendet.

Familienname	Anrede	
王 Wáng	女士 Nǚshì	*Frau Wáng*
李 Lǐ	先生 Xiānsheng	*Herr Lǐ*
陈 Chén	老师 Lǎoshī	*Lehrer Chén*

Beachten Sie, daß 女士 nǚshì in der Anrede und nicht allgemein für den Begriff ,,Frau" gebraucht wird.

第二课 Lektion 2

2. Das Zähleinheitswort (ZEW)

a) Das Zähleinheitswort (ZEW) ist vergleichbar mit der Mengen- bzw. Maßbezeichnung im Deutschen, wenn z.B. von einem **Stück** Kuchen oder drei **Blatt** Papier gesprochen wird. Anders als im Deutschen muß jedoch bei den meisten Substantiven im Chinesischen ein Zähleinheitswort stehen, sobald sie durch eine Zahlenangabe oder ein Demonstrativpronomen näher bestimmt werden. Auch in Verbindung mit dem Fragewort 几 jǐ *wie viele* (vgl. C 6.) und 哪 nǎ *welch-* (vgl. L 6) sowie manchen Zahladjektiven wie z.B. 半 bàn *halb* oder 整 zhěng *ganz* ist ein Zähleinheitswort erforderlich.

ein		*Mensch*
一 yí	个 ge	人 rén
wie viele		*Wagen*
几 jǐ	辆 liàng	车 chē
diese		*Geige*
这 zhè	把 bǎ	小提琴 xiǎotíqín
diese	*drei*	*Bälle*
这 zhè	三 sān	个 ge	球 qiú

Es gibt etwa 200 Zähleinheitswörter, von denen rund 20 sehr oft gebraucht werden. Mit Abstand am häufigsten kommt das Zähleinheitswort 个 gè vor.

Substantive bzw. Begriffe, die mit demselben Zähleinheitswort verbunden werden, haben für die Chinesen ein gemeinsames, hervorstechendes Merkmal, z.B.:

ZEW	Substantive	gemeinsames Merkmal
个 gè	人 rén *Mensch*, 学生 xuésheng *Student*, 女儿 nǚ'ér *Tochter* usw.	Mensch bzw. Person

ZEW	Substantive	gemeinsames Merkmal
个 gè	梦 mèng *Traum*, 看法 kànfǎ *Ansicht*, 愿忘 yuànwàng *Wunsch*, usw.	abstrakter Begriff
辆 liàng	汽车 qìchē *Auto*, 自行车 zìxíngchē *Fahrrad*, 出租汽车 chūzū qìchē *Taxi* usw.	Fahrzeug
把 bǎ	小提琴 xiǎotíqín *Geige*, 刀子 dāozi *Messer*, 雨伞 yǔsǎn *Regenschirm* usw.	Gegenstand mit einem festen Griff
本 běn	书 shū *Buch*, 字典 zìdiǎn *Wörterbuch*, 本子 běnzi *Heft* usw.	gebunden in Buch- oder Heftform
间 jiān	房间 fángjiān *Zimmer*, 厕所 cèsuǒ *Toilette*, 办公室 bàngōngshì *Büro* usw.	Räumlichkeit
张 zhāng	纸 zhǐ *Papier*, 桌子 zhuōzi *Tisch*, 唱片 chàngpiàn *Schallplatte* usw.	Gegenstand mit flacher Oberfläche
只 zhī	狗 gǒu *Hund*, 鸡子 jīzi *Huhn*, 老虎 lǎohǔ *Tiger* usw.	Tier

shuāng — *schuhe, Stäbchen etc.*
xié

Die Einteilung der Substantive nach dem gemeinsamen Merkmal kann nur eine Orientierungshilfe sein, da es immer wieder Ausnahmen gibt. Es empfiehlt sich, ein Substantiv stets in Verbindung mit dem Zähleinheitswort zu lernen. Zu diesem Zweck sind Zähleinheitswörter in der Vokabelliste angegeben. Finden Sie bei einem Substantiv keine Angabe, so hat dieses das Zähleinheitswort 个 gè.

b) Das Zähleinheitswort 个 gè hat den 4. Ton. Im Satz wird es meist jedoch im schwachen Ton ge gesprochen.

c) In Verbindung mit einem Zähleinheitswort gebraucht man für die Zahl 2 nicht 二 èr, sondern 两 liǎng.

这 两 个 学生   *diese zwei Studenten*
zhè liǎng ge xuésheng

第二课 Lektion 2

d) Wenn klar ist, auf welches Substantiv Bezug genommen wird, kann dieses wie im Deutschen ausgelassen werden, das Zähleinheitswort hingegen nicht.

林　先生　有　几个　孩子？　　*Wie viele Kinder hat Herr Lín?*
Lín Xiānsheng yǒu jǐ ge háizi?

三　个　　　　　　　　　　　*Drei.*
sān ge.

e) Bei Substantiven, die selbst eine Maßeinheit ausdrücken können, z.B. Tag, Lektion oder Pfund, wird kein Zähleinheitswort gebraucht (vgl. L 7). In der Vokabelliste werden sie mit (-ZEW) gekennzeichnet.

| 两　天　*zwei Tage* | 这　课　*diese Lektion* |
| liǎng tiān | zhè kè |

3. Die Töne von 一 yī

„一" hat folgende Töne:

yī, 1. Ton:　u.a. bei der Aufzählung oder als Ordinalzahl.

yí, 2. Ton:　vor einer Silbe im 4. Ton, auch vor dem im schwachen Ton gesprochenen Zähleinheitswort 个 ge.

yì, 4. Ton:　vor einer Silbe im 1., 2. oder 3. Ton.

4. Das Fehlen des unbestimmten Artikels

Im Deutschen steht „ein" oft nicht als Zahlenangabe, sondern als unbestimmter Artikel. In diesem Fall, wenn also nicht eigentlich gezählt wird, steht im Chinesischen das Substantiv ohne 一 yī *ein*.

Hast du ein Fahrrad?
你　有　自行车　吗？
Nǐ yǒu zìxíngchē ma?

Das ist eine Geige.
这　是　小提琴.
Zhè shi xiǎotíqín.

5. Auf das Verbalprädikat bezogene Bejahung

Zielt eine Entscheidungsfrage auf das Verbalprädikat, bejaht man, indem man das Verbalprädikat wiederholt.

史 先生 有 小提琴 吗? Shǐ Xiānsheng yǒu xiǎotíqín ma?	Hat Herr Shǐ eine Geige?
有. Yǒu.	Ja.
你 喜欢 打 乒乓球 吗? Nǐ xǐhuan dǎ pīngpāngqiú ma?	Spielst du gerne Tischtennis?
喜欢. Xǐhuan.	Ja.

6. Ergänzungsfrage

Ergänzungsfragen werden mit Fragepronomen z.B. 什么 shénme *was* oder 几 jǐ *wie viele* gestellt. Die Wortstellung entspricht der des Aussagesatzes. Die Stellung des Fragepronomens hängt davon ab, ob es als Subjekt, Objekt, Adverbial usw. auftritt. Es steht also dort, wo in der Antwort das Erfragte stehen würde.

a) 什么 shénme

什么 shénme bedeutet *was*. Es wird auch attributiv im Sinne von *was für ein* gebraucht.

这 是 什么? Zhè shi shénme?	Was ist das? (wörtl.: *das ist was?*)
这 是 小提琴. Zhè shi xiǎotíqín.	Das ist eine Geige.
她 叫 什么 名字? Tā jiào shénme míngzi?	Wie heißt sie? (wörtl.: *sie heißt was für ein Name?*)
她 叫 刘 秀文. Tā jiào Liú Xiùwén.	Sie heißt Liú Xiùwén.

第二课 Lektion 2

b) 几 jǐ

几 jǐ bedeutet *wie viele*. Es kann nur dann gebraucht werden, wenn man als Antwort eine Zahl nicht wesentlich über zehn erwartet. Es erscheint mit dem Zähleinheitswort.

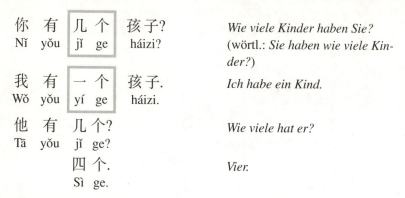

你	有	几 个	孩子?	Wie viele Kinder haben Sie?
Nǐ	yǒu	jǐ ge	háizi?	(wörtl.: *Sie haben wie viele Kinder?*)
我	有	一 个	孩子.	Ich habe ein Kind.
Wǒ	yǒu	yí ge	háizi.	
他	有	几 个?		Wie viele hat er?
Tā	yǒu	jǐ ge?		
		四 个.		Vier.
		Sì ge.		

7. X 叫什么名字? X jiào shénme míngzi?

Mit X 叫什么名字? X jiào shénme míngzi? fragt man entweder nach dem vollständigen Namen oder auch nur nach dem Rufnamen einer Person. Diese Frageform ist weniger formell. Zur höflichen Form, die man bei der Anrede eines Erwachsenen verwendet vgl. L 3.

8. Gebrauch des Apostrophs in der Umschrift

Eine Silbe, die mit a, e oder o beginnt, wird durch ein Apostroph von der vorhergehenden Silbe getrennt.

Xī'ān	西安	*Xī'ān* (Stadt in der Provinz 陕西 Shǎnxī)
nǚ'ér	女儿	*Tochter*
hǎi'ōu	海鸥	*Möwe*

2D Übungen

1. *Zählen Sie von 0 bis 10.*

2. *Wer sind diese Personen?*

3. *Wie viele ... sehen Sie?*

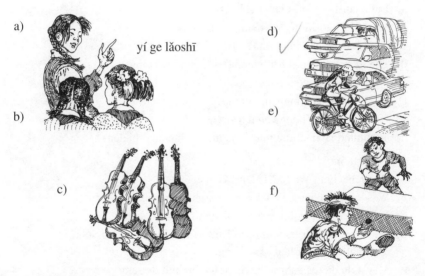

4. *Füllen Sie die Lücken aus:*
   a) Sòng Xiānsheng yǒu ... (wie viele Söhne)?
   b) Wǒ qí ... (dieses Fahrrad).
   c) Nǐ xǐhuan ... (die[se] zwei Geigen) ma?

5. *Sprechen Sie Herrn Wáng an und fragen Sie ihn, ob er (überhaupt)*
   a) Kinder hat.   b) eine Geige hat.   c) ein Fahrrad hat.   d) einen Ball hat.

6. *Alle Fragen werden von Herrn Wáng bejaht. Wie lautet seine Antwort „Ja."?*

第二课 Lektion 2

7. *Fragen Sie Herrn Wáng nun nach der Zahl seiner*
   a) Kinder,   b) Geigen,   c) Fahrräder,   d) Bälle.

8. *Beantworten Sie die Fragen gemäß den Angaben in Klammern. Antworten Sie einmal im vollständigen Satz, einmal in der kürzesten Form:*
   a) Táng Nǚshì yǒu jǐ ge nǚ'ér (1), jǐ ge érzi (2)?
   b) Shǐ Xiānsheng yǒu jǐ bǎ xiǎotíqín (3)?
   c) Nǐ yǒu jǐ liàng chē (1)?
   d) Pān Lǎoshī jiāo jǐ ge xuésheng (10)?
   e) Xiǎolóng yǒu jǐ ge pīngpāngqiú (8)?

9. *Antworten Sie auf die Fragen entsprechend den Angaben in Klammern:*
   Beispiel: Nǐ shi Yīngguórén ma? (nein, Deutsche)
             Bú shi, wǒ shi Déguórén.
   a) Liú Xiānsheng shi fānyì ma?   (ja)
   b) Tā shi Lǐ Lǎoshī ma?   (nein; Lehrer Fù)
   c) Dīng Lǎoshī jiāo jīngjì ma?   (ja)
   d) Zhè ge háizi jiào Lǐ Ruìhuá ma?   (nein; Dù Hóng)
   e) Nǐ yǒu pīngpāngqiú ma?   (ja)
   f) Nǐ yǒu liǎng ge pīngpāngqiú ma?   (nein; einen)
   g) Nǐ xǐhuan xué Zhōngwén ma?   (ja)
   h) Tā xǐhuan lā xiǎotíqín ma?   (nein; Tischtennis spielen)

10. *Übersetzen Sie:*
    a) Was lehrt Frau Wú?   Sie lehrt Geige.
    b) Was lernst du gerne?   Ich lerne gerne Französisch.
    c) Was macht Herr Guō gerne?   Er fährt gerne Fahrrad.
    d) Wie viele Kinder hat Lehrerin Dù?   Eins. Sie hat einen Sohn. Wie heißt er?   Er heißt Hèchéng.
    e) Magst du dieses Fahrrad?   Ja. Ich fahre mit diesem.
    f) Wie heißen die(se) zwei Schülerinnen?   Diese Schülerin heißt Lín Yuèyù, diese heißt Lǐ Wénxiù.
    g) Hat Frau Bèi zwei Töchter?   Nein, sie hat eine.

第三课 Lektion 3
Dì sān kè

3A Text

1. 王 美玉 结婚了。她 爱人 姓
   Wáng Měiyù jiéhūn le. Tā àiren xìng
   张, 叫 树德. 他 是 图书馆
   Zhāng, jiào Shùdé. Tā shi túshūguǎn
   馆员. 小龙 是他们 的 儿子.
   guǎnyuán. Xiǎolóng shi tāmen de érzi.
   他们 住在 北京.
   Tāmen zhùzài Běijīng.

   Wáng Měiyù ist verheiratet. Ihr Mann heißt mit Familiennamen Zhāng und mit Vornamen Shùdé. Er ist Bibliothekar. Xiǎolóng ist ihr Sohn. Sie wohnen in Běijīng.

2. 史大卫 是 王 美玉 的 学生.
   Shǐ Dàwèi shi Wáng Měiyù de xuésheng.
   史 先生 还 没 结婚. 他 爸爸,
   Shǐ Xiānsheng hái méi jiéhūn. Tā bàba,
   妈妈 住在 伦敦. 他 有 一个
   māma zhùzài Lúndūn. Tā yǒu yí ge
   哥哥,一个 妹妹.
   gēge, yí ge mèimei.

   Shǐ Dàwèi ist ein Student von Wáng Měiyù. Herr Shǐ ist noch nicht verheiratet. Sein Vater und seine Mutter/seine Eltern wohnen in London. Er hat einen älteren Bruder und eine jüngere Schwester.

第三课 Lektion 3

3. Auf einer Studentenfeier, zu der auch Frau Wáng und ihre Familie eingeladen sind, spricht ihr Mann (A) Frau Bèi (Frau Becker = B) an. Frau Bèi ist zur Zeit in Běijīng, um ihre Chinesischkenntnisse zu verbessern.

A: 你好! *Guten Tag!*
   Nǐ hǎo!

B: 你好! *Guten Tag!*
   Nǐ hǎo!

A: 你贵姓? — *Wie ist Ihr (werter) Familienname?*
   Nǐ guì xìng?

B: 我姓贝. 你贵姓? — *Ich heiße mit Familiennamen Bèi. Wie ist Ihr (werter) Familienname?*
   Wǒ xìng Bèi. Nǐ guì xìng?

A: 我姓张. 你是哪国人? — *Ich heiße mit Familiennamen Zhāng. Aus welchem Land kommen Sie?*
   Wǒ xìng Zhāng. Nǐ shi nǎ guó rén?

B: 我是德国人. 张先生, 你做什么工作? — *Ich bin Deutsche. Herr Zhāng, was arbeiten Sie?*
   Wǒ shi Déguórén. Zhāng Xiānsheng, nǐ zuò shénme gōngzuò?

A: 我是图书馆馆员. — *Ich bin Bibliothekar.*
   Wǒ shi túshūguǎn guǎnyuán.

B: 啊, 你是王老师的爱人! — *Ach, Sie sind der Mann von Lehrerin Wáng.*
   À, nǐ shi Wáng Lǎoshī de àiren!

A: 对. 那是我们的儿子小龙. — *Richtig. Das da ist unser Sohn Xiǎolóng.*
   Duì. Nà shi wǒmen de érzi Xiǎolóng.

B: 我 认识 小龙. ... 我 有 一 个 女儿.
Wǒ rènshi Xiǎolóng. ... Wǒ yǒu yí ge nǚ'ér.

Ich kenne Xiǎolóng. ... Ich habe eine Tochter.

A: 啊, 你 结婚 了! 你 爱人 和 孩子 在 北京 吗?
A, nǐ jiéhūn le! Nǐ àiren hé háizi zài Běijīng ma?

Ach, Sie sind verheiratet! Sind Ihr Mann und Kind in Běijīng?

B: 不, 他们 在 德国.
Bù, tāmen zài Déguó.

Nein, sie sind in Deutschland.

A: 他们 住在 哪儿?
Tāmen zhùzài nǎr?

Wo wohnen sie?

B: 他们 住在 法兰克福.
Tāmen zhùzài Fǎlánkèfú.

Sie wohnen in Frankfurt.

A: 你 的 汉语 真 好!
Nǐ de Hànyǔ zhēn hǎo!

Ihr Chinesisch ist wirklich gut!

B: 哪里, 哪里.
Nǎli, nǎli.

Das ist nett gesagt, aber Sie übertreiben.

这 个 还子 姓 王.
Zhè ge háizi xìng Wáng.

那 个 孩子 姓 什么?
Nà ge háizi xìng shénme?

第三课 Lektion 3

Vokabeln

jiéhūn *(VO)*	结婚	heiraten
jiéhūn le	结婚了	verheiratet sein
ài	爱	lieben
àiren	爱人	Ehefrau; Ehemann
xìng	姓	Familienname; (mit Familiennamen) heißen
shū	书	Buch (ZEW: 本 běn)
túshūguǎn	图书馆	Bibliothek
túshūguǎnyuán	图书馆员	Bibliothekar
tāmen	他们	sie (Pl.)
–men	们	Suffix zur Pluralbildung der Personalpronomina
de	的	Attributivpartikel
zhùzài + *Ort*	住在 + *Ort*	wohnen in
hái méi jiéhūn	还没结婚	noch nicht verheiratet sein, noch ledig sein
bàba	爸爸	Vater
māma	妈妈	Mutter
bàba, māma	爸爸, 妈妈	Eltern
gēge	哥哥	älterer Bruder
mèimei	妹妹	jüngere Schwester
hǎo	好	gut
Nǐ hǎo!	你好!	Guten Tag! (zu jeder Tageszeit verwendbar)
guì	贵	teuer
Nǐ guì xìng?	你贵姓?	Wie ist Ihr (werter) Familienname?
nǎ	哪	welch-
X shi nǎ guó rén?	X 是哪国人?	Aus welchem Land kommt X?
gōngzuò	工作	Arbeit; arbeiten
X zuò shénme gōngzuò?	X 做什么工作?	Was arbeitet X (beruflich)?
a	啊	Ausruf: Ach!
nà	那	das (da), jenes
rènshi	认识	kennen; kennenlernen
zài + *Ort*	在 + *Ort*	sich befinden in
nǎr	哪儿	wo
Hànyǔ	汉语	Chinesisch
zhēn	真	wirklich (sehr)
Nǐ de Hànyǔ zhēn hǎo!	你的汉语真好!	Ihr Chinesisch ist wirklich gut/toll!
nǎli	哪里	höfliche Erwiderung auf ein Lob: Das ist nett gesagt, aber Sie übertreiben!; wo
Zhāng Shùdé	张树德	Personenname
Lúndūn	伦敦	London
Fǎlánkèfú	法兰克福	Frankfurt

3B Mustersätze

1. **Attributivpartikel 的 de**
   a) Zhè shi wǒ de shū.   Das (hier) ist mein Buch.
   b) Nà shi nǐmen de túshūguǎn ma?   Ist das (da) euere Bibliothek?
   c) Bèi Ānlì de nǚ'ér jiào Jenny.   Die Tochter von Bèi Ānlì heißt Jenny.
   d) Nǐ àiren xǐhuān zuò shénme?   Was macht Ihr Mann gerne?
   e) Nǐ rènshi tā mèimei ma?   Kennst du seine (jüngere) Schwester?

2. **在 zài + Ortsangabe**
   a) Fù Lǎoshī zài nǎr?   Wo ist Lehrerin Fù?
      Tā zài túshūguǎn.   Sie ist in der Bibliothek.
   b) Fǎlánkèfú zài nǎr?   Wo ist Frankfurt?
      Fǎlánkèfú zài Déguó.   Frankfurt ist in Deutschland.

3. **住在 zhùzài + Ortsangabe**
   a) Nǐ zhùzài nǎr?   Wo wohnen Sie?
      Wǒ zhùzài Lúndūn.   Ich wohne in London.
   b) Nǐ bàba, māma zhùzài nǎr?   Wo wohnen Ihre Eltern?
      Tāmen   zhùzài Shànghǎi.   Sie wohnen in Shànghǎi.

4. **Frage nach dem Familiennamen; Namensangabe**
   a) Nǐ guì xìng?   Wie ist Ihr (werter) Familienname?
      Wǒ   xìng Máo.   Ich heiße mit Familiennamen Máo.
   b) Wáng Lǎoshī de àiren xìng shénme? Wie heißt der Mann von Lehrerin
                                        Wáng mit Familiennamen?
      Tā   xìng Zhāng.   Er heißt mit Familiennamen Zhāng.
   c) Nà ge xuéshēng jiào shénme míngzi? Wie heißt der Student da?
      Tā   jiào Lǐ Hǎitāo.   Er heißt Lǐ Hǎitāo.
   d) Tā   jiào shénme míngzi?   Wie heißt sie?
      Tā xìng Liú, jiào Shūqí.   Sie heißt mit Familiennamen Liú, mit
                                        Rufnamen Shūqí.

5. **Nationalität**
   a) Nǐ shi nǎ guó rén?   Aus welchem Land kommen Sie?
      Wǒ shi Yīngguórén.   Ich bin Engländer.

第三课 Lektion 3

    b) Tā àiren shi nǎ guó rén?   *Aus welchem Land kommt seine Frau?*
        Tā   shi Rìběnrén.   *Sie ist Japanerin.*

6. Beruf

    a) Nǐ zuò shénme gōngzuò?   *Was arbeiten Sie (beruflich)?*
        Wǒ shi túshūguǎn guǎnyuán.   *Ich bin Bibliothekarin.*
    b) Nǐ gēge zuò shénme gōngzuò?   *Was macht dein (älterer) Bruder beruflich?*
        Tā shi fānyì.   *Er ist Dolmetscher.*

7. Familienstand

    a) Nǐ jiéhūn le ma?   *Sind Sie verheiratet?*
        Jiéhūn le.   *Ja.*
    b) Wǒ jiéhūn le, wǒ mèimei hái méi jiéhūn.   *Ich bin verheiratet, meine (jüngere) Schwester ist noch nicht verheiratet.*

3C Grammatik

1. 们 men zur Pluralbildung der Personalpronomina

Die Pluralformen des Personalpronomens werden gebildet, indem man an die Singularformen 们 men anhängt.

我们	你们	他们
wǒmen	nǐmen	tāmen
wir	Sie/ihr	sie (Pl.)

2. Attributivpartikel 的 de: Besitzverhältnis und Possessivpronomina

Das Attribut steht im Chinesischen **immer vor** dem Substantiv, das es näher bestimmt, also das Bestimmende stets vor dem Bestimmten. Im Chinesischen kann das Attribut nicht nach dem Substantiv bzw. Bezugswort stehen, wie dies im Deutschen möglich ist (z.B. das Fahrrad **des Lehrers**).

Das Attribut wird in der Regel mit der Attributivpartikel 的 de gebildet, die hinter dem bestimmenden Wort steht.

Danach wird ein Besitzverhältnis wie folgt gekennzeichnet:

Lektion 3 第三课

Attribut: bestimmendes Wort	+	的 de	Substantiv

| 老师 lǎoshī | 的 de | 自行车 zìxíngchē | das Fahrrad des Lehrers (wörtl.: des Lehrers Fahrrad) |
| 图书馆 túshūguǎn | 的 de | 书 shū | die Bücher der Bibliothek |

Possessivpronomina werden mit Personalpronomina und 的 de gebildet.

我的 wǒ de	书 shū	mein Buch
你的 nǐ de	车 chē	dein/Ihr Auto
他的 tā de	中文 Zhōngwén	sein Chinesisch
她的 tā de	小提琴 xiǎotíqín	ihre (Sg.) Geige
我们的 wǒmen de	图书馆 túshūguǎn	unsere Bibliothek
你们的 nǐmen de	翻译 fānyì	euer/Ihr Dolmetscher
他们的 tāmen de	工作 gōngzuò	ihre (Pl.) Arbeit

Beachten Sie: Bei einer verwandtschaftlichen oder einer engeren Beziehung zu einer Person kann 的 de entfallen, besonders wenn das Attribut ein Personalpronomen ist.

| 他 tā | (的) (de) | 妈妈 māma | seine Mutter |

Bei mehreren Attributen wird 的 de meist nur bei dem Attribut, das unmittelbar vor dem Substantiv steht, verwendet.

| 我们 wǒmen | 图书馆 túshūguǎn | 的 de | 书 shū | die Bücher unserer Bibliothek |

3. Demonstrativpronomina 这 zhè und 那 nà

这 zhè und 那 nà sind Demonstrativpronomina. Im Sinne von *das* (*hier*) oder *dies* wird 这 zhè benutzt, d.h. wenn der Sprecher auf jemanden/etwas in seiner unmittelbaren Nähe verweist. Bei einer entfernteren Lage zum Sprecher verwendet man 那 nà *das (da)* oder *jenes*. Das Chinesische ist in dieser Hinsicht genauer als das Deutsche:

这	是	什么?	Was ist das (hier)/dies?
Zhè	shi	shénme?	
那	是	什么?	Was ist das (da)?
Nà	shi	shénme?	

这 zhè und 那 nà erscheinen mit dem Zähleinheitswort, wenn sie ein Substantiv bestimmen.

这 zhè		个 ge	孩子 háizi	das Kind (hier) / dieses Kind
这 zhè	三 sān	辆 liàng	车 chē	die(se) drei Wagen
那 nà		把 bǎ	小提琴 xiǎotíqín	die Geige (da) / jene Geige
那 nà	两 liǎng	个 ge	人 rén	die zwei Menschen (da) / jene zwei Menschen

Greift der Sprecher auf etwas zurück, wovon gerade die Rede war, wird in der Regel – unabhängig von der Lage zum Sprecher – 这 zhè benutzt.

刘 先生 有 两 个 儿子.
Liú Xiānsheng yǒu liǎng ge érzi.
一 个 住在 上海. 这 个
Yí ge zhùzài Shànghǎi. Zhè ge
儿子 是 老师.
érzi shi lǎoshī.

Herr Liú hat zwei Söhne. Einer wohnt in Shànghǎi. Dieser Sohn ist Lehrer.

Beachten Sie: Wenn bereits bekannt ist, um welche Person bzw. welchen Gegenstand es sich bei einem Substantiv handelt, erscheint es meist ohne ein Demonstrativpronomen.

我	的	书	在	哪儿?	*Wo ist mein Buch? / Wo sind mei-*
Wǒ	de	shū	zài	nǎr?	*ne Bücher?*

书	在	这儿.	*Das Buch ist hier. / Die Bücher*
Shū	zài	zhèr.	*sind hier.*

4. Das Verb 在 zài + Ortsangabe; Ortssubstantive

Bei der Angabe, wo jemand/etwas ist, wird im Deutschen meist die Kopula „sein" verwendet (Er **ist** in Japan). Im Chinesischen benutzt man dagegen das Verb 在 zài, das *sich befinden* bedeutet.

在 zài erfordert immer eine Ortsergänzung. Diese folgt unmittelbar auf 在 zài, also – anders als im Deutschen – ohne den Gebrauch einer Präposition.

我	哥哥	在	日本	*Mein (älterer) Bruder ist/befindet*
Wǒ	gēge	zài	Rìběn.	*sich in Japan.*

Im Chinesischen muß eine Ortsangabe aus einem Ortssubstantiv bestehen oder ein Ortssubstantiv enthalten. Personen- oder Gegenstandsbezeichnungen wie z.B. 女儿 nǚ'ér *Tochter* oder 门 mén *Tür* können im Gegensatz zum Deutschen (z.B. Er wohnt bei **seiner Tochter**) nicht allein, sondern nur zusammen mit einem Ortssubstantiv als Ortsangabe stehen (vgl. L 11).

Ortssubstantive sind:
- Länder-, Ortsnamen, Bezeichnungen von Räumlichkeiten oder öffentlichen Einrichtungen usw., z.B. 日本 Rìběn *Japan*, 伦敦 Lúndūn *London*, 厨房 chúfáng *Küche*, 图书馆 túshūguǎn *Bibliothek*.
- Wörter wie 哪儿 nǎr *wo*, 那儿 nàr *dort*, 后面 hòumian *hinten*, 下面 xiàmian *unten* usw., die im Deutschen Adverbien sind.
- Wörter wie 后面 hòumian *hinter*, 下面 xiàmian *unter*, 里面 lǐmian *in, innerhalb* usw., die im Deutschen Präpositionen sind (vgl. L 11).

在 zài	+	Ortsangabe: Ortssubstantiv

她	在	哪儿?	*Wo ist sie?*
Tā	zài	nǎr?	
她	在	图书馆.	*Sie ist in der Bibliothek.*
Tā	zài	túshūguǎn.	

5. 在 zài als Verbzusatz

Wenn auf ein statisches Verb wie z.B. 住 zhù *wohnen*, 站 zhàn *stehen* oder 坐 zuò *sitzen* eine Ortsangabe folgt, muß das Verb 在 zài als Verbzusatz haben. Während das Verb 在 zài nur *sich befinden* ausdrückt, gibt ein Verb mit dem Verbzusatz 在 zài näher an, auf welche Weise jemand/etwas sich befindet, z.B. 住在 zhùzài *wohnend sich befinden in = wohnen in*.

我	妹妹	在	上海.	Meine (jüngere) Schwester ist in Shànghǎi.
Wǒ	mèimei	zài	Shànghǎi.	

我	妹妹	住在	上海.	Meine (jüngere) Schwester wohnt in Shànghǎi.
Wǒ	mèimei	zhùzài	Shànghǎi.	

6. Frage nach dem Familiennamen

Mit X 姓什么? X xìng shénme? fragt man nach dem Familiennamen. Bei der Begegnung zweier Erwachsener ist es höflicher, die Frage mit 你贵姓? Nǐ guì xìng? *Wie ist Ihr werter Familienname?* zu stellen.

7. Namensangabe

Der vollständige Name wird wie folgt angegeben:

entweder:

X	叫 jiào	Familienname	Rufname

他	叫	张	树德.	Er heißt Zhāng Shùdé.
Tā	jiào	Zhāng	Shùdé.	

oder:

X	姓 xìng	Familienname	叫 jiào	Rufname

他	姓	张,	叫	树德.	Er heißt mit Familiennamen Zhāng, mit Rufnamen Shùdé.
Tā	xìng	Zhāng,	jiào	Shùdé.	

8. Höflichkeitsfloskel 哪里 nǎli

哪里 nǎli bedeutet *wo*. Als Höflichkeitsfloskel heißt es aber *Das stimmt nicht*. Damit verwahrt man sich bescheiden gegen ein Lob, etwa im Sinne von *Das ist nett gesagt, aber Sie übertreiben*.

9. Der Begriff 汉语 Hànyǔ

Wie das Schriftzeichen 文 wén bezeichnet 语 yǔ eine Sprache: 德语 Déyǔ *Deutsch*, 日语 Rìyǔ *Japanisch* usw. Für die Sprache Chinesisch verwendet man in Verbindung mit 语 yǔ den Namen der größten Volksgruppe Chinas 汉 Hàn: 汉语 Hànyǔ. 汉语 Hànyǔ bezieht sich eher auf das gesprochene und 中文 Zhōngwén auf das geschriebene Chinesisch, wenn auch im Sprachgebrauch beide Begriffe nicht immer auseinandergehalten werden.

3D Übungen

1. *Machen Sie Angaben zu Ihrer Person in vollständigen Sätzen:*
   a) (vollständiger) Name   b) Nationalität   c) Familienstand   d) Beruf   e) Wohnort
   f) Hobby (Wǒ xǐhuan ...)

2. *Wer ist das?*
   Stellen Sie (A) anhand der angegebenen Stichwörter Fragen an B über die abgebildete Person; B antwortet.

A	B
Name?	Margret Stone
Nationalität?	Engländerin
verheiratet?	noch nicht verheiratet
Beruf?	Bibliothekarin
Wohnort?	London

第三课 Lektion 3

3. *Ergänzen Sie ein Attribut gemäß der Vorgabe. Setzen Sie die Attributivpartikel* 的 *de in Klammern, wenn sie auch entfallen könnte:*
   Beispiel: Nà shi wǒmen de túshūguǎn.   (unsere)
   a) ... zìxíngchē zài nǎr?   (dein)
   b) Wǒ rènshi ... àiren.   (seine)
   c) Wáng Lǎoshī xǐhuan ... gōngzuò ma?   (ihre, Sg.)
   d) ... mèimei jiéhūn le.   (meine)
   e) ... fānyì xìng shénme?   (euer)
   f) ... Zhōngwén zhēn hǎo.   (ihr, 3. Pers. Pl.)
   g) Zhè shi ... shū.   (des Vaters)
   h) Nǐ shi ... gēge ma?   (von Hè Huìlán)

4. *Setzen Sie gemäß der Vorgabe* 这 zhè *oder* 那 nà *ein:*
   a) ... háizi shi Mǎ Lǎoshī de nǚ'ér.   (das (da)/jenes)
   b) ... shi nǐmen de túshūguǎn ma?   (das (hier))
   c) Nǐ xǐhuan ... gōngzuò ma?   (die/diese)
   d) Wǒmen qí ... zìxíngchē.   (die zwei (hier))
   e) ... shi shénme?   (das (da))
   f) Nǐ rènshi ... rén ma?   (die drei (dort) / jene drei)

5. *Stellen Sie Fragen anhand der Stichwörter:*
   Beispiel: die Frau von Herrn Lín, Beruf?
              Lín Xiānsheng de àiren zuò shénme gōngzuò?
   a) der Mann von Wáng Měiyù, Familienname?   b) Sie (2. Pers. Sg.), Familienname?   c) die Studentin da, vollständiger Name?   d) seine Frau, Nationalität?   e) deine Tochter, verheiratet?   f) unser Bibliothekar, Kinder haben?   g) der ältere Bruder von Herrn Shǐ, wie viele Kinder?   h) ihre (Sg.) Mutter, Beruf?   i) eure Bibliothek, wo?   j) diese zwei Kinder, Wohnort?

Lektion 4 第四课

第四课
Dì sì kè

4A Text

商店　shāngdiàn

1. 贝安丽喜欢照相。她没有胶卷了。她今天没有课。她要去买两卷胶卷。
   Bèi Ānlì xǐhuan zhàoxiàng. Tā méi yǒu jiāojuǎn le. Tā jīntiān méi yǒu kè. Tā yào qù mǎi liǎng juǎn jiāojuǎn.

   Bèi Ānlì fotografiert gerne. Sie hat keinen Film mehr. Sie hat heute keinen Unterricht. Sie will zwei Filme kaufen gehen.

2. 史大卫喜欢喝咖啡。他没咖啡了。今天他没空。他想明天去友谊商店买咖啡。
   Shǐ Dàwèi xǐhuan hē kāfēi. Tā méi kāfēi le. Jīntiān tā méi kòng. Tā xiǎng míngtiān qù Yǒuyì Shāngdiàn mǎi kāfēi.

   Shǐ Dàwèi trinkt gerne Kaffee. Er hat keinen Kaffee mehr. Heute hat er keine Zeit. Er möchte morgen zum „Freundschaftsladen" gehen und Kaffee kaufen.

第四课 Lektion 4

3. Herr Shǐ (A) trifft Frau Bèi (B) zufällig auf der Straße.

A: 安丽, 你 去 哪儿? Ānlì, wohin gehst du?
   Ānlì, nǐ qù nǎr?

B: 我 没 胶卷 了. 我 要 去 Ich habe keinen Film mehr. Ich
   Wǒ méi jiāojuǎn le. Wǒ yào qù will Filme kaufen gehen.
   买 胶卷.
   mǎi jiāojuǎn.

A: 你 去 友谊 商店 买 吗? Gehst du sie im „Freundschaftsla-
   Nǐ qù Yǒuyì Shāngdiàn mǎi ma? den" kaufen?

B: 不, 我 去 百货 商店 买. Nein, ich gehe sie in einem Kauf-
   Bù, wǒ qù bǎihuò shāngdiàn mǎi. haus kaufen. Was brauchst du?
   你 需要 什么?
   Nǐ xūyào shénme?

A: 我 没 有 咖啡 了. Ich habe keinen Kaffee mehr.
   Wǒ méi yǒu kāfēi le.

B: 我 有 咖啡. 你 要 一些 吗? Ich habe Kaffee. Willst du ein we-
   Wǒ yǒu kāfēi. Nǐ yào yìxiē ma? nig haben?

A: 好. 我可以今天 晚上 Gut./Gerne. Kann ich ihn heute
   Hǎo. Wǒ kěyǐ jīntiān wǎnshang abend abholen?
   来 拿 吗?
   lái ná ma?

B: 可以. 今天 晚上 我 在 家. Ja. Heute abend bin ich zu Hause.
   Kěyǐ. Jīntiān wǎnshang wǒ zài jiā.

A: 太 好 了. 谢谢. Prima. Danke schön.
   Tài hǎo le. Xièxie.

B: 不 客气. Nichts zu danken.
   Bú kèqi.

4. Xiǎolóng (A) braucht einen Füller. Er spricht mit seiner Mutter (B).

A: 妈妈, 我需要一支 钢笔. Mama, ich brauche einen Füller.
   Māma, wǒ xūyào yì zhī gāngbǐ.
   我们 下午可以去 买 吗 Können wir ihn am Nachmittag
   Wǒmen xiàwǔ kěyǐ qù mǎi ma? kaufen gehen?

B: 今天下午我没 空. Heute nachmittag habe ich keine
   Jīntiān xiàwǔ wǒ méi kòng. Zeit.
   史 先生 要来我们家. Herr Shǐ will zu uns (nach Hause)
   Shǐ Xiānsheng yào lái wǒmen jiā. kommen.

第四课 Lektion 4

A: 他 来 做 什么? Warum kommt er? / Was will er
　　Tā lái zuò shénme? hier?

B: 他 来 看 我们. Er kommt uns besuchen.
　　Tā lái kàn wǒmen.

A: 我们 什么 时候 去 买 Wann gehen wir den Füller kau-
　　Wǒmen shénme shíhou qù mǎi fen?
　　钢笔?
　　gāngbǐ?

B: 我们 明天 上午 去. Wir gehen morgen vormittag.
　　Wǒmen míngtiān shàngwǔ qù.

A: 好. Gut.
　　Hǎo.

Vokabeln

zhào + *Obj.*	照 + *Obj.*	fotografieren + Obj.	qù	去	(irgendwohin) gehen (nach, zu usw.)
zhàoxiàng (VO)	照相	fotografieren	mǎi	买	kaufen
méi	没	negiert das Verb 有 yǒu	juǎn	卷	ZEW für Gegenstände in zusammengerollter Form, z.B. Fotofilme
méi (yǒu)... le	没(有)... 了	etw. nicht mehr haben			
jiāojuǎn	胶卷	(Foto) Film (ZEW: 卷 juǎn)	hē	喝	trinken
jīntiān	今天	heute	kāfēi	咖啡	Kaffee
kè	课	Unterricht; Unterrichtsstunde (ZEW: 节 jié)	yǒu kòng	有空	freie Zeit haben
			xiǎng	想	mögen (ich möchte usw.), erwägen
yào	要	wollen, fest vorhaben	míngtiān	明天	Morgen; morgen

yǒuyì	友谊	Freundschaft		zhī	支	ZEW für längliche, stabförmige Gegenstände z.B. Stift, Füller, Pinsel
shāngdiàn	商店	Laden, Geschäft (ZEW: 个 gè, 家 jiā)				
bǎihuò shāngdiàn	百货商店	Waren-, Kaufhaus		bǐ	笔	Stift (ZEW: 支 zhī)
xūyào	需要	brauchen, benötigen		gāngbǐ	钢笔	Füller (ZEW: 支 zhī)
yào	要	etw. haben wollen		xiàwǔ	下午	Nachmittag; nachmittags, am Nachmittag
yìxiē	一些	einige, ein paar, eine Anzahl von; etwas		... zuò shénme?	... 做什么?	weswegen, wozu (man etw. macht)?
hǎo	好	(Einverständnis) gut, schön, okay		kàn	看	schauen; ansehen
kěyǐ	可以	können; dürfen		kàn + Person	看 + Person	jdn. besuchen
wǎnshang	晚上	Abend; abends, am Abend		shénme shíhou	什么时候	wann
lái	来	kommen (nach, zu usw.)		shàngwǔ	上午	Vormittag; vormittags, am Vormittag
ná	拿	nehmen				
qù ná	去拿	etw. holen gehen				
lái ná	来拿	etw. holen kommen				
jiā	家	Familie, Zuhause		Yǒuyì Shāngdiàn	友谊商店	„Freundschaftsladen" (Eigenname), Kaufhaus mit Niederlassungen in vielen Städten Chinas, verkauft Importwaren und ausgesuchte chinesische Waren.
zài jiā	在家	zu Hause sein				
tài	太	zu (sehr)				
tài hǎo le	太好了	prima, toll				
xièxie	谢谢	danke schön, danken				
kèqi	客气	höflich und zuvorkommend				
bú kèqi	不客气	nichts zu danken				

第四课 Lektion 4

4B Mustersätze

1. **Verneinung von 有 yǒu**

   a) Duìbuqǐ, wǒ méi (yǒu) kòng. — *Entschuldigung, ich habe keine Zeit.*

   b) Wàn Lǎoshī yǒu kè, wǒ méi yǒu. — *Lehrer Wàn hat Unterricht, ich habe keinen.*

   c) Nǐ gēge yǒu háizi ma? — *Hat Ihr (älterer) Bruder Kinder?*
   Méi yǒu. — *Nein.*

2. 没有 ... 了 **méi yǒu ... le**

   a) Wǒmen méi (yǒu) kè le. — *Wir haben keinen Unterricht mehr.*

   b) Ānlì méi (yǒu) jiāojuǎn le. — *Ānlì hat keinen Film mehr.*

3. 去 **qù**, 来 **lái**

   a) Tā lái ma? — *Kommt er?*
   Lái. — *Ja.*

   b) Nǐ qù nǎr? — *Wohin gehst du?*
   Wǒ qù túshūguǎn. — *Ich gehe in die Bibliothek.*

   c) Tāmen qù nǎr? — *Wohin gehen sie?*
   Tāmen qù dǎ pīngpāngqiú. — *Sie gehen Tischtennis spielen.*

   d) Nǐ qù nǎr mǎi kāfēi? — *Wo gehen Sie Kaffee kaufen?*
   Wǒ qù bǎihuò shāngdiàn mǎi. — *Ich gehe ihn in einem Kaufhaus kaufen.*

   e) Nǐ àiren qù Shànghǎi zuò shénme? — *Weswegen/Wozu fährt dein Mann nach Shànghǎi?*
   Tā qù Shànghǎi kàn tā māma. — *Er fährt nach Shànghǎi, um seine Mutter zu besuchen.*

   f) Nǐ lái zuò shénme? — *Was führt Sie hierher? / Warum sind Sie hier?*
   Wǒ lái kàn wǒ mèimei. — *Ich bin hier, um meine (jüngere) Schwester zu besuchen.*

   g) Shǐ Dàwèi shi Yīngguórén. — *Shǐ Dàwèi ist Engländer.*
   Tā lái Zhōngguó zuò shénme? — *Was macht er in China? / Was führt ihn nach China?*
   Tā lái xué Zhōngwén. — *Er ist hier, um Chinesisch zu lernen.*

4. 要 **yào als Verb**

   a) Wǒ yǒu jiāojuǎn, nǐ yào yì juǎn ma?
      Hǎo. Xièxie.

      Ich habe Filme. Wollen Sie einen haben?
      Ja. / Gut. Danke!

   b) Nǐ yào jǐ zhī bǐ?

      Wie viele Stifte wollen/möchten Sie haben?

      Wǒ yào liǎng zhī.

      Ich möchte zwei haben.

5. **Modalverben**

   a) Māma, wǒ yào qù!
      Mama, ich will (dorthin) gehen!

   b) Wǒ yào mǎi yì bǎ xiǎotíqín.
      Ich will/werde eine Geige kaufen.

   c) Nǐ yào hē shénme?
      Wǒ xiǎng hē kāfēi, nǐ yǒu ma?

      Was wollen/möchten Sie trinken?
      Ich möchte gerne Kaffee trinken. Haben Sie Kaffee?

   d) Wǒ nǚ'ér xiǎng qù Zhōngguó.

      Meine Tochter möchte nach China fahren. / Meine Tochter erwägt, nach China zu fahren.

   e) Tā xiǎng rènshi nǐ.
      Er möchte dich gerne kennenlernen.

   f) Wǒ kěyǐ qù nǎr mǎi zhè běn shū?

      Wo kann ich dieses Buch kaufen? (wörtl.: Wo kann ich hingehen, um dieses Buch zu kaufen?)

   g) Nǐ yào mǎi zhè zhī gāngbǐ ma?
      Yào. / Yào mǎi.

      Wollen Sie diesen Füller kaufen?
      Ja.

   h) Wǒ kěyǐ ná nǐ de kāfēi ma?
      Kěyǐ. / Kěyǐ ná.

      Kann ich deinen Kaffee nehmen?
      Ja.

6. **Zeitpunktangabe**

   a) Tāmen shénme shíhou jiéhūn?
      Wann heiraten sie?

   b) Nǐ shénme shíhou yǒu kòng?
      Wǒ míngtiān yǒu kòng.
      Míngtiān wǒ méi kè.

      Wann hast du Zeit?
      Ich habe morgen Zeit. Morgen habe ich keinen Unterricht.

   c) Nǐ jīntiān xiàwǔ kěyǐ lái ma?
      Xiàwǔ wǒ yào qù mǎi shū. Wǒ kěyǐ wǎnshang lái.

      Können Sie heute nachmittag kommen? Am Nachmittag will ich Bücher kaufen gehen. Ich kann am Abend kommen.

第四课 Lektion 4

4C Grammatik

1. Auslassung des Objekts

Ist ein Objekt aus dem Kontext bekannt, kann es ausgelassen werden. Die Stelle des Objekts bleibt dann unbesetzt.

那个人是我们的图书馆馆员。	Der Mann da ist unser Bibliothekar.
Nà ge rén shi wǒmen de túshūguǎn guǎnyuán.	
我认识 (...)。	Ich kenne ihn.
Wǒ rènshi (...)。	
我需要一支钢笔，	Ich brauche einen Füller. Hast du einen?
Wǒ xūyào yì zhī gāngbǐ,	
你有 (...) 吗？	
nǐ yǒu (...) ma?	

2. Verneinung von 有 yǒu mit 没 méi

Das Verb 有 yǒu *(etwas) haben* verneint man mit 没 méi. 没 méi steht vor 有 yǒu. Solange 没有 méi yǒu nicht am Satzende steht, kann 有 yǒu wegfallen.

我没有咖啡。	Ich habe keinen Kaffee.
Wǒ méi yǒu kāfēi.	
= 我没咖啡。	
Wǒ méi kāfēi.	

aber:

| 她有咖啡，我没有。 | Sie hat Kaffee, ich habe keinen. |
| Tā yǒu kāfēi, wǒ méi yǒu. | |

Die auf 有 yǒu bezogene verneinte Antwort kann man kurz mit 没有 méi yǒu *nein* ausdrücken. Hierbei darf 有 yǒu nicht entfallen.

| 你有胶卷吗？ | Haben Sie einen Film? |
| Nǐ yǒu jiāojuǎn ma? | |

没 有. 　　　　　　　　　*Nein.*
Méi yǒu.

3. 没 有 ... 了 méi yǒu ... le, die Modalpartikel 了 le

Die Partikel 了 le kann am Satzende als Modalpartikel stehen, um u.a. anzuzeigen, daß sich eine Situation verändert hat (vgl. L 8). So bedeutet der Ausdruck 没有 ... 了 méi yǒu ... le, daß man etwas hatte, jetzt aber nicht mehr.

我们　没　有　咖啡　了.　　　*Wir haben keinen Kaffee mehr.*
Wǒmen méi yǒu kāfēi le.

4. Richtungsverben 去 qù und 来 lái

a) 去 qù bedeutet *(irgendwohin) gehen* und 来 lái *kommen*. 去 qù drückt eine Bewegung weg vom Sprecher aus, 来 lái dagegen in Richtung auf den Sprecher. Man nennt 来 lái und 去 qù deshalb auch Richtungsverben.

Sprecher ────他 去──→ Zielort　　*Er geht (hin).*
　　　　　　Tā qù.

Sprecher
Zielort　　安丽 来 吗?　　*Kommt Ānlì?*
　　　　　Ānlì lái ma?

Je nachdem, wie man sich fortbewegt, z.B. ob man zu Fuß geht oder fährt, wird 去 qù unterschiedlich übersetzt: *(irgendwohin) gehen, fahren, fliegen* usw.

b) Gibt man den Zielort an, so folgt dieser als Lokalobjekt unmittelbar auf 去 qù oder 来 lái. Anders als im Deutschen gebraucht man dabei keine Präposition.

　　qù 去
　　lái 来　+　Zielort

我　去　友谊　商店.　　*Ich gehe zum „Freundschaftsla-*
Wǒ qù Yǒuyì Shāngdiàn.　　*den".*

他　来　图书馆　吗?　　*Kommt er in die Bibliothek?*
Tā lái túshūguǎn ma?

c) Nach 去 qù bzw. 来 lái kann ein Verb stehen, das die Absicht ausdrückt, die mit dem Hingehen oder Kommen verfolgt wird.

第四课 Lektion 4

qù 去 lái 来 + Verb (Objekt)

你 Nǐ	来 lái	做 zuò	什么? shénme?	*Wozu bist du gekommen? / Was machst du hier?* (wörtl.: *du kommst machst was?*)
我 Wǒ	来 lái	看 kàn	我妈妈. wǒ māma.	*Ich bin hier, um meine Mutter zu besuchen.*

d) Erwähnt man sowohl den Zielort als auch die Absicht, so steht der Zielort vor der Absicht.

qù 去 lái 来 + Zielort + Verb (Obj.)

你 Nǐ	去 qù	哪儿 nǎr	买 mǎi	胶卷? jiāojuǎn?	*Wohin gehst du, um Filme zu kaufen?*
我 Wǒ	去 qù	百货商店 bǎihuò shāngdiàn	买. mǎi.		*Ich gehe sie im Warenhaus kaufen. / Ich kaufe sie im Warenhaus.*

5. Zeitpunktangabe als Adverbial

Ausdrücke der Zeit sind im Chinesischen Substantive. Sie können als Adverbial (=Adverbialbestimmung, Umstandsbestimmung) auftreten. Als Adverbial müssen Zeitpunkt- bzw. Zeitdauerangabe (vgl. L 12) im Chinesischen auseinandergehalten werden, da sie nicht die gleiche Wortstellung im Satz einnehmen.

Zeitpunktangaben sind z.B. 今年 jīnnián *dieses Jahr*, 今天 jīntiān *heute*, 五点 wǔdiǎn *fünf Uhr* usw., nach denen man mit 哪年 nǎ nián *welches Jahr*, 什么时候 shénme shíhou *wann*, 几点 jǐ diǎn *wieviel Uhr* usw. fragt.

Die Zeitpunktangabe kann vor dem Prädikat stehen. Hierbei ist sie der Schwerpunkt des Satzes.

Zeitpunktangabe	Prädikat

你 Nǐ	什么时候 shénme shíhou	有 yǒu	空? kòng?	*Wann hast du Zeit?*
我 Wǒ	下午 xiàwǔ	有 yǒu	空. kòng.	*Ich habe nachmittags Zeit.*

Ist die Zeitpunktangabe das Thema (vgl. L 12) des Satzes, kann sie auch am Satzanfang stehen. Der Schwerpunkt liegt dann nicht auf der Zeitangabe, sondern auf dem, was darüber gesagt wird. Achten Sie unten auf die unterschiedliche Schwerpunktsetzung:

你 什么 时候 来 拿 书?   **Wann** kommst du das Buch holen?
Nǐ shénme shíhou lái ná shū?

我 明天 来.   Ich komme **morgen**.
Wǒ míngtiān lái.

好. 明天 我 在家.   Gut. Morgen bin ich **zu Hause**.
Hǎo. Míngtiān wǒ zài jiā.

Bei der komplexen Zeitangabe beginnt man mit der größeren bzw. übergeordneten Zeiteinheit, z.B. Tag vor dem Tagesabschnitt.

今天 晚上   heute abend
jīntiān wǎnshang

6. Das Verb 要 yào

要 yào ist sowohl Vollverb als auch Modalverb (vgl. 7.). Als Vollverb bedeutet es *(etwas) haben wollen*. Ihm folgt das Objekt.

她 要 你 的 钢笔.   Sie will deinen Füller haben.
Tā yào nǐ de gāngbǐ.

Mit 要 yào kann man auch einen Wunsch äußern. Es wird dann im Deutschen oft besser mit *möchten* statt *wollen* übersetzt.

你 要 什么?   Was wollen/möchten Sie? / Was
Nǐ yào shénme?   wünschen Sie?

我 要 一 卷 胶卷.   Ich hätte gerne einen Film.
Wǒ yào yì juǎn jiāojuǎn.

第四课 Lektion 4

7. Modalverben

Das Modalverb steht vor dem Vollverb.

a) 要 yào

Das Modalverb 要 yào drückt u.a. einen Willen, ein festes Vorhaben und – ähnlich wie das Vollverb 要 yào – einen Wunsch aus.

| 安丽要 买 一 辆 自行车. | Ānlì will ein Fahrrad kaufen. |
| Ānlì yào mǎi yí liàng zìxíngchē. | |

| 你 要 喝 什么? | Was wollen/möchten Sie trinken? |
| Nǐ yào hē shénme? | |

要 yào kann auch eine künftige Handlung anzeigen. Beachten Sie jedoch, daß das Futur im Chinesischen nicht immer mit 要 yào bezeichnet wird, da 要 yào nur *werden* im Sinne eines festen Vorhabens ausdrückt.

| 我 女儿 要 学 经济. | Meine Tochter will/wird Wirt- |
| Wǒ nǚ'ér yào xué jīngjì. | schaft studieren. |

b) 想 xiǎng

Als Vollverb bedeutet 想 xiǎng *denken* und *sich sehnen nach*. Als Modalverb drückt es wie „möchten" im Deutschen eine Absicht aus. Während bei 要 yào das Vorhaben feststeht, handelt es sich bei 想 xiǎng um eine Erwägung.

| 我 想 买 一 把 小提琴. | Ich möchte eine Geige kaufen. / |
| Wǒ xiǎng mǎi yì bǎ xiǎotíqín. | Ich erwäge, eine Geige zu kaufen. |

想 xiǎng drückt ferner einen Wunsch aus (*gerne mögen*).

| 他 想 认识 你 妹妹. | Er möchte gerne deine (jüngere) |
| Tā xiǎng rènshi nǐ mèimei. | Schwester kennenlernen. |

Beansprucht man jemanden mit einem Wunsch, ist es oft höflicher, 想 xiǎng statt 要 yào zu verwenden.

| 我 想 喝 咖啡, 你 有 吗? | Ich würde gerne Kaffee trinken, |
| Wǒ xiǎng hē kāfēi, nǐ yǒu ma? | haben Sie welchen? |

c) 可以 kěyǐ

可以 kěyǐ drückt eine Möglichkeit (*können*) oder eine Erlaubnis (*können, dürfen*) aus.

明天 我 有 空. 我 可以 来.   *Morgen habe ich Zeit. Ich kann*
Míngtiān wǒ yǒu kòng. Wǒ kěyǐ lái.   *kommen.*

我们 可以 照相 吗?   *Können/Dürfen wir fotografieren?*
Wǒmen kěyǐ zhàoxiàng ma?

Beachten Sie: 可以 kěyǐ drückt nicht *können* im Sinne einer erlernten Fähigkeit aus (wie z.B. in Er kann Japanisch sprechen). 不可以 bu kěyǐ bedeutet *nicht dürfen* (vgl. L 6).

d) Zielt eine Frage auf das Modalverb, bejaht man verkürzt durch Wiederholung des Modalverbs oder des Modal- und des Vollverbs.

大卫, 我 可以 骑 你 的 自行车 吗? *Dàwèi, kann ich mit deinem Fahr-*
Dàwèi, wǒ kěyǐ qí nǐ de zìxíngchē ma? *rad fahren?*

可以. / 可以 骑.   *Ja.*
Kěyǐ. / Kěyǐ qí.

Wird mit 要 yào oder 想 xiǎng nach einem Wunsch gefragt, bejaht man oft auch mit 好 hǎo.

你 要 喝 咖啡 吗?   *Wollen Sie Kaffee trinken?*
Nǐ yào hē kāfēi ma?

好.   *Ja. / Gut.*
Hǎo.

e) Modalverb und Adverbial

Das Adverbial kann hinter dem Modalverb stehen. Das Adverbial bildet dabei häufig den Schwerpunkt des Satzes.

我们 什么 时候 去 看 安丽?   *Wann gehen wir Ānlì besuchen?*
Wǒmen shénme shíhou qù kàn Ānlì?

我们 可以 明天 去.   *Wir können **morgen** gehen.*
Wǒmen kěyǐ míngtiān qù.

第四课 Lektion 4

Liegt der Schwerpunkt nicht auf dem Adverbial, sondern auf dem Geschehen bzw. Sein, steht das Adverbial vor dem Modalverb. Das Adverbial steht am Satzanfang, wenn es das Thema des Satzes ist.

你 下午 想 做 什么? Was möchtest du am Nachmittag
Nǐ xiàwǔ xiǎng zuò shénme? **machen**? / Was hast du am Nachmittag vor?

下午 我 要 翻译. Am Nachmittag will ich **übersetzen**.
Xiàwǔ wǒ yào fānyì.

8. 一些 **yìxiē**

一些 yìxiē bedeutet *einige, eine Anzahl von* und *etwas*. In Verbindung mit einem Substantiv wird kein Zähleinheitswort gebraucht.

我 有 咖啡, 你 要 一些 吗? Ich habe Kaffee. Wollen Sie etwas
Wǒ yǒu kāfēi, nǐ yào yìxiē ma? haben?

我 要 去 图书馆 拿 一些 书. Ich will in die Bibliothek gehen
Wǒ yào qù túshūguǎn ná yìxiē shū. und ein paar Bücher holen.

zehn kalligraphische Versionen des Zeichens „jiā"

9. 家 **jiā**

In Verbindung mit einem besitzanzeigenden Attribut bedeutet 家 jiā *Familie* oder *Zuhause*. Die Attributivpartikel 的 de wird meist ausgelassen.

史　先生　家　有　五　个　人。　　Die Familie von Herrn Shǐ besteht
Shǐ Xiānsheng jiā yǒu wǔ ge rén.　aus fünf Personen (wörtl.: hat fünf
　　　　　　　　　　　　　　　　　Personen).

你　家　在　哪儿？　　　　　　　Wo sind Sie zu Hause? / Wo woh-
Nǐ jiā zài nǎr?　　　　　　　　　nen Sie?

家 jiā ist auch Ortssubstantiv.

今天　晚上　我　在　我　哥哥　家。Heute abend bin ich bei meinem
Jīntiān wǎnshang wǒ zài wǒ gēge jiā. (älteren) Bruder zu Hause.

4D Übungen

1. *Halten Sie fest, was die jeweilige Person hat* (v) *und nicht hat* (x):

Beispiel:	Sohn	Tochter
Wáng Lǎoshī	V	X
Ānlì	X	V

Wáng Lǎoshī yǒu érzi. Tā méi (yǒu) nǚ'ér.
Ānlì méi (yǒu) érzi. Tā yǒu nǚ'ér.

a)

	Unterricht	Freizeit
Dàwèi	V	X
Ānlì	X	V

b)

	Bücher	Füller
Lìlì	V	X
Xiǎolóng	X	V

c)

	älterer Bruder	jüngere Schwester
Ānlìs Vater	V	X
Ānlìs Mutter	X	V

第四课 Lektion 4

2. Beispiel:

	Kaffee	
Ānlì	V	Ānlì yǒu kāfēi,
Dàwèi	X	Dàwèi méi yǒu.

a)

	Geige
Dàwèi	V
Xiǎolóng	X

b)

	Arbeit
Liú Xiānsheng	V
Lǐ Xiānsheng	X

3. *Beantworten Sie die Fragen kurz mit „ja" bzw. „nein". Beziehen Sie sich dabei auf die Angaben in Übung 1 und 2:*

a) Ānlì yǒu érzi ma?   b) Ānlì de māma yǒu mèimei ma?   c) Lǐ Xiānsheng yǒu gōngzuò ma?   d) Xiǎolóng yǒu xiǎotíqín ma?   e) Ānlì yǒu kòng ma?

4. *Antworten Sie auf die Frage* 你去哪儿? *Nǐ qù nǎr?*

a) Kaufhaus   b) zu Herrn Qiū nach Hause   c) fotografieren   d) arbeiten.

5. *Ergänzen Sie ein Ortssubstantiv:*

a) Wǒ yào qù ... mǎi jiāojuǎn.   b) Nǐ yào qù ... zhàoxiàng?   c) Nǐ lái ... zuò shénme?

6. *Ergänzen Sie frei die Absicht des Hingehens oder Kommens:*

a) Ānlì de àiren xiǎng lái Zhōngguó ... .   b) Zhāng Xiānsheng qù túshūguǎn ... .
c) Nǐ kěyǐ qù bǎihuò shāngdiàn ... .

7. *Stellen Sie (B) Fragen an A:*

Beispiel: A: Wǒmen yào qù dǎ pīngpāngqiú.
                B: (wohin): Nǐmen qù nǎr dǎ pīngpāngqiú?

Beispiel: A: Wǒ gēge yào qù Fǎlánkèfú.
                B: (wozu): Tā qù Fǎlánkèfú zuò shénme?

a) A: Ānlì yào qù zhàoxiàng.   B: (wohin)
b) A: Lìlì yào lái wǒmen jiā.   B: (wozu)
c) A: Xiǎolóng yào qù túshūguǎn.   B: (wozu)
d) A: Wǒ qù mǎi pīngpāngqiú.   B: (wohin)

8. *Übersetzen Sie:*
   a) Was brauchen Sie?
      Ich habe keinen Film mehr.
      Ich habe zwei. Wollen Sie einen haben?
      Ja. Vielen Dank!
      Nichts zu danken.
   b) Was möchten Sie kaufen?
      Ich hätte gerne diesen Füller.
   c) Ich habe keine Zeit. Meine Eltern (wollen) kommen.
   d) Meine Tochter will Wirtschaft studieren. Sie möchte gerne nach England fahren, um zu studieren.
   e) Meine (jüngere) Schwester möchte gerne Englisch lernen. Kannst du es ihr beibringen?
      Ja.
   f) Sie können bei uns zu Hause wohnen.
   g) Darf ich Sie besuchen kommen?
      Ja.

9. *Übersetzen Sie. Antworten Sie anschließend gemäß den vorgegebenen Stichwörtern:*
   Beispiel: Wann hat Lehrerin Wáng keinen Unterricht?
              Wáng Lǎoshī shénme shíhou méi (yǒu) kè?
              (morgen): Tā míngtiān méi (yǒu) kè.
   a) Wann kommen Sie die Bücher holen? (heute nachmittag)
   b) Kann ich heute abend zu dir (nach Hause) kommen? (ja; heute abend: zu Hause)
   c) Wann möchten Sie kommen? (morgen vormittag; morgen vormittag: Zeit haben)
   d) Was machst du morgen? (morgen vormittag: fest vorhaben: übersetzen; am Nachmittag: vorhaben/erwägen: Lìlì besuchen gehen)

第五课 Lektion 5
Dì wǔ kè

5A Text

1. 这是谁? 这是王老师的弟弟. 他叫王松青. 松青二十九岁, 还没结婚. 他是记者, 现在住在天津.
   Zhè shi shéi? Zhè shi Wáng Lǎoshī de dìdi. Tā jiào Wáng Sōngqīng. Sōngqīng èrshí jiǔ suì, hái méi jiéhūn. Tā shi jìzhě, xiànzài zhùzài Tiānjīn.

   松青今天来北京看他姐姐. 王老师上午十点三刻要去火车站接他.
   Sōngqīng jīntiān lái Běijīng kàn tā jiějie. Wáng Lǎoshī shàngwǔ shí diǎn sān kè yào qù huǒchēzhàn jiē tā.

   Wer ist das? Das ist der jüngere Bruder von Lehrerin Wáng. Er heißt Wáng Sōngqīng. Sōngqīng ist 29 Jahre alt und noch nicht verheiratet. Er ist Journalist und wohnt jetzt in Tiānjīn.

   Sōngqīng kommt heute nach Běijīng, um seine (ältere) Schwester zu besuchen. Lehrerin Wáng will am Vormittag um 10.45 zum Bahnhof gehen, um ihn abzuholen.

Lektion 5 第五课

火车
huǒchē

2. Auf dem Bahnhof sieht Lehrerin Wáng (A) plötzlich Frau Bèi Ānlì (B). Sie ruft Ānlì zu:

A: 安丽，安丽！
Ānlì, Ānlì!

Ānlì, Ānlì!

B: 啊，王老师！你好！
A, Wáng Lǎoshī! Nǐ hǎo!

Ach, Lehrerin Wáng! Guten Tag!

A: 你好！你来火车站做什么？
Nǐ hǎo! Nǐ lái huǒchēzhàn zuò shénme?

Was machen Sie auf dem Bahnhof?

B: 来接一个朋友，你呢？
Lái jiē yí ge péngyou, nǐ ne?

Ich hole einen Freund ab, und Sie?

A: 我来接我弟弟。
Wǒ lái jiē wǒ dìdi.

Ich hole meinen jüngeren Bruder ab.

B: 你有一个弟弟啊！他多大？
Nǐ yǒu yí ge dìdi a! Tā duō dà?

Ach, Sie haben einen jüngeren Bruder! Wie alt ist er?

第五课 Lektion 5

A: 他 二十 九 岁. 对 不 起,
　　Tā èrshí jiǔ suì. Duìbuqǐ,
　　现在 几 点?
　　xiànzài jǐ diǎn?

Er ist 29 Jahre alt. Entschuldigung, wieviel Uhr ist es jetzt?

B: 现在 十 一 点 差 四 分.
　　Xiànzài shíyī diǎn chà sì fēn.
　　你 弟弟 的 火车 几 点 到?
　　Nǐ dìdi de huǒchē jǐ diǎn dào?

Jetzt ist es vier Minuten vor elf.

Wann kommt der Zug Ihres Bruders an?

A: 十 一 点 五 分. 对 不 起, 我
　　Shíyī diǎn wǔ fēn. Duìbuqǐ, wǒ
　　现在 得 去 站台. 我们
　　xiànzài děi qù zhàntái. Wǒmen
　　明天 见面!
　　míngtiān jiànmiàn!

Fünf nach elf. Entschuldigen Sie, ich muß jetzt auf den Bahnsteig gehen. Wir treffen uns morgen!

B: 明天? 明天 星期 几?
　　Míngtiān? Míngtiān xīngqī jǐ?

Morgen? Welchen Wochentag haben wir morgen?

A: 明天 星期 六. 我们 要
　　Míngtiān xīngqī liù. Wǒmen yào
　　去 看 电影 啊!
　　qù kàn diànyǐng a!

Morgen ist Samstag. Wir wollen (wollten) doch ins Kino gehen!

星期 天
xīngqī tiān

B: 啊, 对. 我们几点见面? *Ach, stimmt. Um wieviel Uhr treffen wir uns?*
A, duì. Wǒmen jǐ diǎn jiànmiàn?

A: 六点半. 我来接你. *Um halb sieben. Ich komme Sie abholen.*
Liù diǎn bàn. Wǒ lái jiē nǐ.

B: 好. 那么, 再见! *Gut. Also dann auf Wiedersehen!*
Hǎo. Nàme, zàijiàn!

A: 再见, 明天见! *Auf Wiedersehen, bis morgen!*
Zàijiàn, míngtiān jiàn!

Vokabeln

shéi	谁	wer
dìdi	弟弟	jüngerer Bruder
X suì	X 岁	X Jahre alt
jìzhě	记者	Journalist
xiànzài	现在	jetzt
jiějie	姐姐	ältere Schwester
... diǎn	... 点	... Uhr
... kè	... 刻	... Viertelstunde
shí diǎn sān kè	十点三刻	10.45 Uhr (wörtl.: 10 Uhr + 3 Viertelstunden)
huǒ	火	Feuer
huǒchē	火车	Zug (ZEW: 辆 liàng)
chēzhàn	车站	Haltestelle
huǒchēzhàn	火车站	Bahnhof
jiē + Person	接 + Person	jdn. abholen
péngyou	朋友	Freund, Bekannter
... ne?	... 呢?	Fragepartikel: und ...?
X duō dà?	X 多大?	Wie alt ist X?
duìbuqǐ	对不起	Entschuldigung!, Verzeihung!
jǐ diǎn	几点	wieviel Uhr
chà	差	fehlen
... diǎn chà ...	... 点差 ...	... vor ... Uhr
shí diǎn chà sì fēn	十点差四分	4 Minuten vor 10 Uhr, 9.56 Uhr
dào	到	ankommen
fēn	分	Minute
... diǎn ... fēn	... 点 ... 分	... Minuten nach ... Uhr
shíyī diǎn wǔ fēn	十一点五分	5 Minuten nach 11 Uhr, 11.05 Uhr

第五课 Lektion 5

děi	得	müssen
zhàntái	站台	Bahnsteig
jiànmiàn (VO)	见面	sich treffen
xīngqī	星期	Woche
xīngqī jǐ	星期几	welcher Wochentag
xīngqī liù	星期六	Samstag
diàn	电	Elektrizität
diànyǐng	电影	(Kino) Film (ZEW: 个 gè, 部 bù)
qù kàn diànyǐng	去看电影	einen Film ansehen gehen, ins Kino gehen
... diǎn bàn	...点半	halb ... (Uhr), ... Uhr dreißig
liù diǎn bàn	六点半	halb sieben
nàme	那么	also dann
zài	再	wieder
zàijiàn	再见	Auf Wiedersehen!
míngtiān jiàn	明天见	Bis morgen!
xīngqī tiān	星期天	Sonntag
Wáng Sōngqīng	王松青	Personenname
Tiānjīn	天津	Stadt in der Provinz 河北 Héběi

5B Mustersätze

1. **Alter**

   a) Nǐ duō dà?
      Wǒ shíjiǔ suì.
      Wie alt sind Sie?
      Ich bin 19 Jahre alt.

   b) Tā àiren duō dà?
      Tā sìshí èr suì.
      Wie alt ist ihr Mann?
      Er ist 42 Jahre alt.

2. **Wochentag**

   a) Jīntiān xīngqī jǐ?
      Jīntiān xīngqī èr.
      Welchen Wochentag haben wir heute?
      Heute ist Dienstag.

   b) Nǐ xīngqī jǐ yǒu kòng?

      Wǒ xīngqī sì yǒu kòng.
      Wann/An welchem Wochentag haben Sie Zeit?
      Ich habe am Donnerstag Zeit.

   c) Wǒmen xīngqī tiān zài jiā.
      Wir sind am Sonntag zu Hause.

3. **Uhrzeit**

   a) Xiànzài jǐ diǎn? | Wieviel Uhr ist es jetzt? / Wie spät ist es jetzt?

Xiànzài	liù diǎn.	Jetzt ist es	6 Uhr.
	liǎng diǎn bàn.		halb drei.
	wǔ diǎn yí kè.		Viertel nach fünf.
	qī diǎn sān kè.		7.45 Uhr.
	bā diǎn liǎng fēn.		2 Minuten nach 8 Uhr.
	jiǔ diǎn shíqī (fēn).		17 Minuten nach 9 Uhr.
	shí'èr diǎn chà qī fēn.		7 Minuten vor 12 Uhr.
	chà qī fēn shí'èr diǎn.		7 Minuten vor 12 Uhr.
	yī diǎn chà yí kè.		Viertel vor eins.
	chà yí kè yī diǎn.		Viertel vor eins.

   b) Wǒmen jǐ diǎn qù huǒchēzhàn? — Wann/Um wieviel Uhr gehen wir zum Bahnhof?
   Wǒmen liǎng diǎn bàn qù. — Wir gehen um halb drei.

   c) Wǒmen xīngqī tiān wǎnshang qī diǎn jiànmiàn. — Wir treffen uns am Sonntagabend um 7 Uhr.

4. 几点 **jǐ diǎn,** 星期几 **xīngqī jǐ,** 什么时候 **shénme shíhou**

   a) Nǐ xiàwǔ jǐ diǎn qù jiē nǐ péngyou? — Wann/Um wieviel Uhr gehst du nachmittags deinen Freund abholen?

   b) Tāmen zhè ge xīngqī jiànmiàn. · Xīngqī jǐ? — Sie treffen sich diese Woche. Wann / An welchem Wochentag?

   c) Nǐ dìdi shénme shíhou lái Běijīng? — Wann kommt dein (jüngerer) Bruder nach Běijīng?

5. 呢 **ne**

   a) Nǐ zuò shénme gōngzuò?
   Wǒ shi jìzhě, nǐ ne? — Was machen Sie beruflich? Ich bin Journalistin, und Sie?

   b) Wǒ xiànzài méi kòng, děi fānyì. — Ich habe jetzt keine Zeit, ich muß übersetzen.
   Xiàwǔ ne? — Und am Nachmittag?

第五课 Lektion 5

6. 啊 a

    a) A, tā shi nǐ jiějie!   Ach, sie ist deine ältere Schwester!

    b) Tā shi nǐ jiějie a!   Ach, sie ist deine ältere Schwester!

    c) Wǒ míngtiān lái kàn nǐ.   Ich komme dich morgen besuchen.
        Tài hǎo le. Nǐ děi lái a!   *Toll! Du mußt aber auch wirklich kommen!*

    d) Wǒ xiàwǔ xiǎng qù kàn diànyǐng.   *Ich möchte nachmittags ins Kino ge-*
        Qù kàn diànyǐng?! Wǒmen yào   *hen. Ins Kino gehen?! Wir wollten*
        qù Chūnlán jiā a!   *doch zu Chūnlán (nach Haus) gehen!*

5C Grammatik

1. Zahlen: 11–99

Die Zahlen von 11 – 19 werden durch Addition, Zahlen ab 20 durch Multiplikation bzw. Multiplikation und Addition gebildet, z.B.:

```
16 = 10 + 6      = shí + liù        → shíliù    十六
40 = 4 x 10      = sì x shí         → sìshí     四十
89 = 8 x 10 + 9  = bā x shí + jiǔ   → bāshí jiǔ 八十九
```

2. Uhrzeit

Im allgemeinen gibt man im Chinesischen die Uhrzeit nur bis 12 Uhr an. Mißverständnissen beugt man vor, indem man den Tagesabschnitt vor der Uhrzeit hinzufügt. Die Angabe bis 24 Uhr ist nur bei offiziellem Gebrauch z.B. in Fahrplänen oder bei Rundfunkansagen üblich.

Bildungsweise	Beispiele
... diǎn 点 ... Uhr	yī diǎn, liǎng diǎn, sān diǎn 一点, 两点, 三点 *1 Uhr, 2 Uhr, 3 Uhr*

Bildungsweise	Beispiele
... diǎn bàn 点　半 ... Uhr (+) halb	sān diǎn bàn 三点半 3 Uhr + halb → halb vier/3.30
... diǎn ... kè 点　　　刻 ... Uhr (+) ... Viertelstunde	wǔ diǎn yí kè 五点一刻 5 Uhr + 1 Viertelstunde → Viertel nach fünf/5.15 qī diǎn sān kè 七点三刻 7 Uhr + 3 Viertelstunden → 7.45
... diǎn ... fēn 点　　　分 ... Uhr ... Minuten	jiǔ diǎn bā fēn 九点八分 9 Uhr + 8 Minuten → acht nach neun/9.08 sì diǎn shísì (fēn) 四点十四(分) vierzehn nach vier/4.14
... diǎn chà ... 点差 ... Uhr fehlen ...	shí diǎn chà wǔ fēn 十点差五分 10 Uhr fehlen 5 Minuten → fünf vor zehn/9.55 sān diǎn chà yí kè 三点差一刻 Viertel vor drei/2.45
chà ... ... diǎn 差　　　点 fehlen ... ... Uhr	chà wǔ fēn shí diǎn 差五分十点 fünf vor zehn/9.55

Beachten Sie: *2 Uhr* liest man nicht **èr diǎn** sondern **liǎng diǎn** 两点. Übersteigt die Minutenangabe die Zahl 10 kann 分 *fēn Minute* entfallen. Grundsätzlich kann eine Uhrzeit mit einer Minutenangabe als ... 点 ... 分 ... diǎn ... fēn ... gelesen werden.

第五课 Lektion 5

3. Wochentage

Die Bezeichnung für die Wochentage von Montag bis Samstag wird mit 星期 xīngqī *Woche* und den Zahlen von 1 bis 6 gebildet.

星期一 *Montag*	星期二 *Dienstag*	星期三 *Mittwoch*
xīngqī yī	xīngqī èr	xīngqī sān
星期四 *Donnerstag*	星期五 *Freitag*	星期六 *Samstag*
xīngqī sì	xīngqī wǔ	xīngqī liù

	星期日 SUN	星期一 MON	星期二 TUE	星期三 WED	星期四 THU	星期五 FRI	星期六 SAT
1992				1 六月初二	2 初三	3 初四	4 初五
7	5 初六	6 初七	7 小暑	8 初九	9 初十	10 十一	11 十二
July	12 十三	13 十四	14 十五	15 十六	16 十七	17 十八	18 十九
農曆壬申年六月大七月小	19 二十	20 廿一	21 廿二	22 大暑	23 廿四	24 廿五	25 廿六
	26 廿七	27 廿八	28 廿九	29 三十	30 七月	31 初二	

4. Nominalprädikat

Im Chinesischen gibt es Sätze, deren Prädikat nur aus einem Substantiv bzw. einer substantivischen Wortgruppe besteht. Ein solches Prädikat wird Nominalprädikat genannt.

In Sätzen mit einem Nominalprädikat wird die Kopula 是 shì nicht verwendet. 是 shì gebraucht man nur dann, wenn die Angabe hervorgehoben oder verneint wird (vgl. L 6).

Beim Nominalprädikat handelt es sich hauptsächlich um die Angabe des Alters, der Uhrzeit, des Datums, der Nummer, des Preises, des Gewichts u.ä. Die Angabe besteht aus einem Zahlwort und einem Substantiv, das eine Einheit oder ein Maß bezeichnet.

	Subjekt	Nominalprädikat	
Alter:	他 Tā	多大? duō dà?	Wie alt ist er?
	他 Tā	二十二岁. èrshí èr suì.	Er ist 22 Jahre alt. (wörtl.: *er 22 Jahre*)
Uhrzeit:	现在 Xiànzài	几点? jǐ diǎn?	Wieviel Uhr ist es jetzt? / Wie spät ist es?
	现在 Xiànzài	四点. sì diǎn.	Jetzt ist es 4 Uhr. (wörtl.: *jetzt 4 Uhr*)
Wochentag:	今天 Jīntiān	星期几? xīngqī jǐ?	Welchen Wochentag haben wir heute?
	今天 Jīntiān	星期二. xīngqī èr.	Heute ist Dienstag. (wörtl.: *heute Dienstag*)

5. Gebrauch der unterschiedlichen fragenden Zeitausdrücke

Bei einer Frage nach dem Zeitpunkt gebraucht man im Deutschen meist „wann". Im Chinesischen unterscheidet man, ob es bei der erfragten Auskunft um Uhrzeit, Wochentag, Monat, Jahr usw. geht. Dementsprechend verwendet man gezielt den jeweiligen fragenden Ausdruck.

Will man die Uhrzeit erfragen, verwendet man 几点 jǐ diǎn *wieviel Uhr*.

他 的 火车 下午 几 点 到?   *Wann/Um wieviel Uhr kommt sein*
Tā de huǒchē xiàwǔ jǐ diǎn dào?   *Zug nachmittags an?*

Will man den Wochentag erfahren, verwendet man 星期几 xīngqī jǐ *welcher Wochentag*.

李 老师 星期 几 没 课?   *Wann/An welchem Wochentag hat*
Lǐ Lǎoshī xīngqī jǐ méi kè?   *Lehrerin Lǐ keinen Unterricht?*

Wenn die erfragte Auskunft sich nicht auf eine Uhrzeit, einen Wochentag usw. bezieht, sondern allgemeinerer Natur ist, verwendet man 什么时候 shénme shíhou *wann*.

他们 什么 时候 结婚?   *Wann heiraten sie?*
Tāmen shénme shíhou jiéhūn?

第五课 Lektion 5

6. Das Modalverb 得 děi

得 děi bedeutet *müssen*. Beachten Sie, daß bei der verkürzten, auf 得 děi bezogenen Bejahung 得 děi stets mit dem Vollverb erscheinen muß.

我们 得 买 这 本 书 吗?   *Müssen wir dieses Buch kaufen?*
Wǒmen děi mǎi zhè běn shū ma?

得 买.   *Ja.*
Děi mǎi.

得 děi wird nicht in der verneinten Form gebraucht (vgl. L 6C 4.).

7. Verkürzte Frage mit 呢 ne

Eine Frage kann mit der Fragepartikel 呢 ne am Satzende verkürzt werden, wenn der Frageinhalt aus dem vorhergehenden Satz bekannt ist. Der Gebrauch entspricht der Frageform , und ...? im Deutschen.

我 三十八 岁, 你 呢?   *Ich bin 38 Jahre alt, und Sie?*
Wǒ sānshí bā suì, nǐ ne?

对不起, 星期 六 我 没 空.   *Es tut mir leid, am Samstag habe*
Duìbuqǐ, xīngqī liù wǒ méi kòng.   *ich keine Zeit.*

星期 天 呢?   *Und am Sonntag?*
Xīngqī tiān ne?

8. Auslassung des Subjekts

Ist das Subjekt aus dem Kontext ersichtlich, wird es gern ausgelassen.

你 弟弟 住在 北京 吗?   *Wohnt Ihr (jüngerer) Bruder in*
Nǐ dìdi zhùzài Běijīng ma?   *Běijīng?*

不, 住在 天津.   *Nein, er wohnt in Tiānjīn.*
Bù, zhùzài Tiānjīn.

Der Teilsatz mit dem ausgelassenen Subjekt wird angeschlossen an den vorhergehenden Teilsatz und durch Komma abgetrennt.

他们 有 一 个 儿子, 十二 岁,   *Sie haben einen Sohn. Er ist 12*
Tāmen yǒu yí ge érzi, shí'èr suì,   *Jahre alt und heißt Hóngzhì.*
叫 宏志.
jiào Hóngzhì.

9. Die Ausrufpartikel 啊 a

啊 a kann am Satzanfang wie auch am Satzende stehen, um u.a. Erstaunen auszudrücken.

啊，你 结 婚 了！ A, nǐ jiéhūn le!	Ach, Sie sind verheiratet!
你 结 婚 了 啊！ Nǐ jiéhūn le a!	Ach, Sie sind verheiratet!

Am Satzende kann 啊 a ferner Erinnerung bzw. Ermahnung ausdrücken.

今天星期五 啊！我 得 去 工作 啊！
Jīntiān xīngqī wǔ a! Wǒ děi qù gōngzuò a!

Heute ist ja Freitag! Ich muß doch zur Arbeit gehen!

10. Zeitausdruck + 见 jiàn

Auf Wiedersehen heißt 再见 zàijiàn. 再 zài bedeutet *wieder* und 见 jiàn *sehen*. Man kann 再 zài durch eine konkrete Zeitangabe ersetzen und somit den Ausdruck beim Abschied variieren.

明天 见！ Míngtiān jiàn!	*Bis morgen!*
下午 见！ Xiàwǔ jiàn!	*Bis (heute) Nachmittag!*

第五课 Lektion 5

5D Übungen

1. *Geben Sie das Alter der engsten Verwandten von Herrn Sòng gemäß den vorgegebenen Zahlen an. Fragen Sie nach dem Alter, wenn hinter der Personenangabe ein Fragezeichen steht:*

   Beispiel: a) Herr Sòng, 36
   Sòng Xiānsheng sānshí liù suì.

   b) seine Frau, ?
   Tā àiren duō dà?

c) seine Tochter, 11   d) sein Sohn, 9   e) sein Vater, ?   f) seine Mutter, 65   g) seine ältere Schwester, ?   h) sein älterer Bruder, 40   i) seine jüngere Schwester, 32   j) sein jüngerer Bruder, ?

2. *Fragen Sie, was für ein Wochentag*

   a) heute ist   b) morgen ist.

3. *Ihr Freund (A) erwähnt einige seiner Termine in dieser Woche. Fragen Sie (B) nach dem genauen Wochentag, an dem der jeweilige Termin ansteht. B antwortet:*

   Beispiel: A: Wǒ zhè ge xīngqī yào qù kàn wǒ bàba, māma.
   B: Nǐ xīngqī jǐ qù?
   A: (Mittwoch) Wǒ xīngqī sān qù.

a) A: Wǒ jiějie zhè ge xīngqī yào lái wǒmen jiā.
   B: ...?
   A: (Montag) ...
b) A: Wǒ zhè ge xīngqī yào qù mǎi yí liàng zìxíngchē.
   B: ...?
   A: (Donnerstag) ...
c) A: Wǒ hé wǒ àiren zhè ge xīngqī yào qù kàn diànyǐng.
   B: ...?
   A: (Samstag und Sonntag) ...

4. *Beantworten Sie die Fragen gemäß den vorgegebenen Uhrzeitangaben. Antworten Sie in vollständigen Sätzen:*

 a) Xiànzài jǐ diǎn?

 b) Tā de huǒchē jǐ diǎn dào?

 c) Xiànzài jǐ diǎn?

 d) Nǐ jǐ diǎn qù jiē nǐ péngyou?

 e) Nǐ míngtiān jǐ diǎn qù gōngzuò?

 f) Xiànzài jǐ diǎn?

 g) Nǐmen xīngqī èr jǐ diǎn jiànmiàn?

 h) Xiànzài jǐ diǎn?

第五课 Lektion 5

5. *Übersetzen Sie:*
   a) Wie alt ist Ihre Mutter?   Sie ist 75 Jahre alt.
      Und Ihr Vater?   Er ist 80 Jahre alt.
   b) Wir können uns diese Woche treffen.
      Wann?
   c) Wann gehen wir heute abend ins Kino?
      Um halb acht.
   d) Wann kommt Ihr Freund nach China, um Sie zu besuchen?
   e) (am Telefon:)
      Mein Zug kommt am Sonntag vormittag fünf vor zehn an. Kannst du zum Bahnhof kommen und mich abholen?
      Ja.
      Prima, also dann, bis Sonntag!
   f) Entschuldigung, ich muß jetzt zur Arbeit gehen.
      Zur Arbeit gehen? Heute ist doch Sonntag!
   g) Xiǎolóng, ich gehe jetzt in die Bibliothek.
      Gut. Auf Wiedersehen!
      Auf Wiedersehen!

这个孩子很忙。 Zhè ge háizi hěn máng.

弟六课 *Lektion 6*
Dì liù kè

6A Text

1. Lehrerin Wáng (A) bespricht mit ihrem Bruder Sōngqīng (B), der zu Besuch bei ihr ist, was er heute vorhat.

   A: 弟弟, 对不起, 今天我 很 忙, 不 能 陪 你.
   　　Dìdi,　duìbuqǐ, jīntiān wǒ hěn máng, bù néng péi nǐ.

   B: 没关系. 我 上午 要去北京 大学看 一 个 朋友.
   　　Méi guānxi. Wǒ shàngwǔ yào qù Běijīng Dàxué kàn yí ge péngyou.
   　　我 可以 一 个 人 去.
   　　Wǒ kěyǐ yí ge rén qù.

   A: 下午 你 做 什么?
   　　Xiàwǔ nǐ zuò shénme?

第六课 Lektion 6

B: 我要去买一双鞋.我最好去哪家鞋店买?
   Wǒ yào qù mǎi yì shuāng xié. Wǒ zuìhǎo qù nǎ jiā xiédiàn mǎi?

A: 最好你去永和鞋店.他们的鞋子特别好看.
   Zuìhǎo nǐ qù Yǒnghé Xiédiàn. Tāmen de xiézi tèbié hǎokàn.

B: 鞋子贵吗?
   Xiézi guì ma?

A: 不贵, 很便宜.
   Bú guì, hěn piányi.

B: 鞋店在哪条街?
   Xiédiàn zài nǎ tiáo jiē?

A: 在东兴隆街.
   Zài Dōng-Xīnglóng Jiē.

B: 我不知道这条街. 没关系,我有地图.我去拿.
   Wǒ bù zhīdao zhè tiáo jiē. Méi guānxi, wǒ yǒu dìtú. Wǒ qù ná.

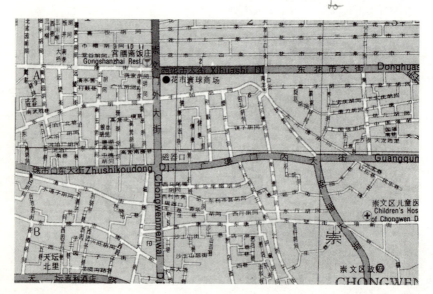

2. Die beiden unterhalten sich weiter, nachdem Sōngqīng den Stadtplan geholt hat.

B: 你看, 东兴隆街在这儿.
   Nǐ kàn, Dōng-Xīnglóng Jiē zài zhèr.

A: 不是，这是西兴隆街。
　　Bú shi, zhè shi Xī-Xīnglóng Jiē.

B: 啊，在这儿！
　　A, zài zhèr!

A: 对. 今天 晚上 我们 一起 去 饭店 吃饭，怎么样？
　　Duì. Jīntiān wǎnshang wǒmen yìqǐ qù fàndiàn chīfàn, zěnmeyàng?

B: 好. 去 哪 家 饭店？
　　Hǎo. Qù nǎ jiā fàndiàn?

A: 树德喜欢吃 四川 菜. 我们去 四川 饭店，好吗？
　　Shùdé xǐhuan chī Sìchuān cài. Wǒmen qù Sìchuān Fàndiàn, hǎo ma?

B: 太 好 了. 我 也 爱 吃 四川 菜.
　　Tài hǎo le. Wǒ yě ài chī Sìchuāncài.

A: 哎哟，九 点 了！
　　Āiyo, jiǔ diǎn le!

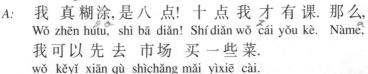

B: 现在 才 八 点 啊, 不 是 九 点.
　　Xiànzài cái bā diǎn a, bú shi jiǔ diǎn.

A: 我 真 糊涂, 是 八 点！十 点 我 才 有 课. 那么,
　　Wǒ zhēn hútu, shì bā diǎn! Shí diǎn wǒ cái yǒu kè. Nàme,
　　我 可 以 先 去 市场 买 一 些 菜.
　　wǒ kěyǐ xiān qù shìchǎng mǎi yìxiē cài.

第六课 Lektion 6

Vokabeln

hěn	很	sehr
máng	忙	beschäftigt sein, viel zu tun haben
bù	不	Negationswort
néng	能	können; dürfen
péi + Person	陪 + Person	jdn. begleiten; jdm. Gesellschaft leisten
guānxi	关系	Beziehung
méi guānxi	没关系	das macht nichts; nicht schlimm
dà	大	groß
dàxué	大学	Universität (ZEW: 个 gè, 所 suǒ)
yí ge rén	一个人	alleine
shuāng	双	Paar, ZEW für zwei zusammengehörende Gegenstände wie Schuhe, Eßstäbchen usw.
xié/xiézi	鞋/鞋子	Schuhe (ZEW für ein Paar Schuhe: 双 shuāng)
zuìhǎo	最好	am besten
jiā	家	ZEW für Geschäft, Restaurant, Hotel usw.
xiédiàn	鞋店	Schuhgeschäft (ZEW: 个 gè, 家 jiā)
tèbié	特别	besonders
hǎokàn	好看	hübsch, schön anzusehen
piányi	便宜	billig
tiáo	条	ZEW für schmale, längliche Gegenstände wie Straße, Fisch, Hose usw.
jiē	街	Straße (ZEW: 条 tiáo)
zhīdao	知道	wissen, Kenntnis haben von ...
dìtú	地图	Landkarte, Atlas (ZEW: Blatt 张 zhāng, Heft 本 běn)
zhèr	这儿	hier
yìqǐ	一起	(gemeinsam) zusammen
fàndiàn	饭店	Restaurant (ZEW: 个 gè, 家 jiā)
chī + Obj.	吃 + Obj.	essen + Obj.
fàn	饭	gekochter Reis, Speise
chīfàn (VO)	吃饭	essen (eine Mahlzeit einnehmen)
..., zěnmeyàng?	怎么样	wie wäre es, wenn ...?

(Name einer Region) + cài	X 菜	Küche (einer Region), Gericht	mǎi cài	买菜	Lebensmittel einkaufen
..., hǎo ma?	好吗	..., einverstanden / okay?	Yǒnghé-Xiédiàn	永和鞋店	Yǒnghé-Schuhgeschäft (Eigenname)
yě	也	auch			
āiyo	哎哟	oh je	Dōng-Xīnglóng Jiē	东兴隆街	Ost-Xīnglóng-Straße (Straßenname)
jiǔ diǎn le	九点了	(es ist) schon 9 Uhr (vgl. L 8)			
cái	才	erst	Xī-Xīnglóng Jiē	西兴隆街	West-Xīnglóng-Straße (Straßenname)
hútu	糊涂	zerstreut sein			
xiān	先	zuerst	Sìchuān	四川	Name einer Provinz im Südwesten Chinas
shìchǎng	市场	Markt			
cài	菜	Gemüse (ZEW: Sorte 种 zhǒng)			

6B Mustersätze

1. **Adjektivprädikat**
   a) Pīngpāngqiú hěn piányi. Tischtennisbälle sind (sehr) billig.
   b) Tā hěn hútu. Er ist sehr zerstreut.
   c) Xiànzài cài tèbié guì. Jetzt ist Gemüse besonders teuer.
   d) Zhè ge diànyǐng hǎokàn ma? Ist dieser Film schön?
      Hǎokàn. Ja.
   e) Tā de Fǎwén hěn hǎo ma? Ist sein Französisch sehr gut?
      Shì de. / Duì. / Hěn hǎo. Ja. / Ja. / Ja.

2. **Adverbien**
   a) Tā shi wǒ lǎoshī, yě shi wǒ péngyou. Sie ist meine Lehrerin und auch meine Freundin.
   b) Xiànzài cái liǎng diǎn. Jetzt ist es erst 2 Uhr.
   c) Zhè jiā fàndiàn tèbié guì. Dieses Restaurant ist besonders teuer.
   d) Tā hěn xiǎng qù Zhōngguó. Er möchte sehr gerne nach China fahren.

第六课 Lektion 6

e) Wǒ děi xiān kàn dìtú. — Ich muß zuerst die Landkarte ansehen.
f) Wǒmen zuìhǎo qù shìchǎng mǎi cài. — Wir gehen am besten zum Markt (Lebensmittel) einkaufen.
   Zuìhǎo wǒmen qù shìchǎng mǎi cài. — Am besten gehen wir zum Markt (Lebensmittel) einkaufen.
g) Wǒ shàngwǔ yǒu kè, xiàwǔ yě yǒu. — Ich habe vormittags Unterricht und nachmittags auch.
h) Wǒ qī diǎn qù, nǐmen ne? — Ich gehe um 7 Uhr, und ihr?
   Wǒ yě qī diǎn qù, Ānlì bā diǎn cái qù. — Ich gehe auch um 7 Uhr, Ānlì geht erst um 8 Uhr.
i) Wǒ zhīdao. — Ich weiß es.
   Wǒ yě zhīdao. — Ich auch.
j) Nǐmen yìqǐ lái ma? — Kommt ihr zusammen?
   Shì de. / Duì. — Ja. / Ja.

3. **Verneinung mit 不 bù**

   a) Zhè bú shi wǒ de xiézi. — Das sind nicht meine Schuhe.
   b) Wǒmen de dàxué bú dà. — Unsere Universität ist nicht groß.
   c) Wǒmen bù xūyào dìtú. — Wir brauchen keinen Atlas.
   d) Wǒ bù xiǎng gōngzuò. — Ich möchte nicht arbeiten. / Ich habe keine Lust zu arbeiten.
   e) Sìchuān Fàndiàn guì ma? — Ist das Sìchuān-Restaurant teuer?
      Bú guì. — Nein.
   f) Nǐ zhīdao ma? — Wissen Sie das?
      Bù zhīdao. — Nein.
   g) Nǐ yào hē kāfēi ma? — Wollen/Möchten Sie Kaffee trinken?
      Xièxie, bú yào. — Nein, danke.
   h) Tā míngtiān kěyǐ/néng lái ma? — Kann sie morgen kommen?
      Bù néng lái. Tā méi kòng. — Nein. Sie hat keine Zeit.
   i) Māma, wǒ kěyǐ/néng yí ge rén qù ma? — Mama, darf ich alleine hingehen?
      Bù kěyǐ. / Bù néng. — Nein. / Nein.

4. **Verneinung mit 不是 bú shi**

   a) Míngtiān   xīngqī sān. — Morgen ist Mittwoch.
      Míngtiān bú shi xīngqī sān. — Morgen ist nicht Mittwoch.

b) Zhè ge háizi shí suì ma? — Ist das Kind 10 Jahre alt?
   Bú shi, tā cái bā suì. — Nein, es ist erst 8 Jahre alt.
c) Nǐ zhùzài zhè tiáo jiē ma? — Wohnen Sie in dieser Straße?
   Bú shi. — Nein.
d) Nǐ yí ge rén qù kàn diànyǐng ma? — Gehen Sie alleine ins Kino?
   Bú shi. — Nein.

5. **Frage mit 哪 nǎ**
   a) Nǐ shi nǎ guó rén? — Aus welchem Land kommen Sie?
   b) Huǒchēzhàn zài nǎ tiáo jiē? — In welcher Straße ist der Bahnhof?
   c) Wǒ kěyǐ kàn nà liǎng shuāng xié ma? — Kann ich die zwei Paar Schuhe ansehen?
      Nǎ liǎng shuāng? — Welche zwei Paar?

6. **怎么样 zěnmeyàng, 好吗 hǎo ma**
   a) Wǒmen yìqǐ qù kàn diànyǐng, zěnmeyàng? — Wollen wir zusammen ins Kino gehen?
   b) Wǒmen jiā hěn dà. Nǐ zhùzài wǒmen jiā, zěnmeyàng? — Unser Haus ist groß. Wie wäre es, wenn Sie bei uns wohnen?
      Hǎo. — Gut.
   c) Nǐ xiān qù, hǎo ma? — Geh du zuerst, okay?

6C Grammatik

1. Adjektivprädikat

a) Im Unterschied zum Deutschen treten die meisten prädikativ gebrauchten Adjektive im Chinesischen ohne Kopula auf. Sie bilden das Prädikat und werden Adjektivprädikat genannt.
In der Regel wird das Adjektivprädikat zusammen mit einem Adverb, meist einem Adverb des Grades, gebraucht. Oft benutzt man 很 hěn *sehr*, um die Stelle des Adverbs zu besetzen – seine Bedeutung *sehr* verblaßt in diesem Fall. Soll *sehr* tatsächlich zum Ausdruck gebracht werden, wird 很 hěn mit Nachdruck gesprochen. Das Adverb steht meist vor dem Adjektivprädikat.

第六课 Lektion 6

Subjekt	Adverb	Adjektivprädikat	
这 Zhè	很 hěn	好看. hǎokàn.	*Das ist (sehr) hübsch.* (wörtl.: *das (sehr) hübsch*).
他 的 汉语 Tā de Hànyǔ	特别 tèbié	好. hǎo.	*Sein Chinesisch ist besonders gut.* (wörtl.: *sein Chinesisch besonders gut*).

In Fragesätzen und verneinten Sätzen muß kein Adverb stehen. Erscheint dort 很 hěn, behält es seine Bedeutung *sehr*.

这 双 鞋 贵 吗?   *Ist dieses Paar Schuhe teuer?*
Zhè shuāng xié guì ma?

这 双 鞋 很 贵 吗?   *Ist dieses Paar Schuhe sehr teuer?*
Zhè shuāng xié hěn guì ma?

b) Eine auf das Adjektivprädikat bezogene Frage kann man durch Wiederholung des Adjektivprädikats kurz bejahen.

你 今天 忙 吗?   *Sind Sie heute beschäftigt? / Haben Sie heute viel zu tun?*
Nǐ jīntiān máng ma?

忙.   *Ja.*
Máng.

Beim Adjektivprädikat mit einem Adverb muß auch das Adverb wiederholt werden. Man kann auch mit 是的 shì de oder 对 duì bejahen.

你 今天 很 忙 吗?   *Sind Sie heute sehr beschäftigt?*
Nǐ jīntiān hěn máng ma?

很 忙. / 是的. / 对.   *Ja. / Ja. / Ja.*
Hěn máng. / Shì de. / Duì.

2. Adverbien

Wörter wie 也 yě *auch*, 先 xiān *zuerst*, 很 hěn *sehr* usw. sind Adverbien. Beachten Sie, daß Ausdrücke wie 下午 xiàwǔ *nachmittags*, 晚上 wǎnshang *abends*, 这儿 zhèr *hier*,

那儿 nàr *dort* usw., die im Deutschen Zeit- bzw. Ortsadverbien sind, im Chinesischen als Substantive gelten.

a) Grundsätzlich steht das Adverb vor dem Prädikat. Beachten Sie:
Viele Adverbien dürfen nicht am Satzanfang bzw. vor dem Subjekt stehen.

| 我 也 是 他 朋友. | Ich bin auch sein Freund. / Auch |
| Wǒ yě shi tā péngyou. | ich bin sein Freund. |

| 我 先 去 市场. | Ich gehe zuerst zum Markt. / Zu- |
| Wǒ xiān qù shìchǎng. | erst gehe ich zum Markt. |

Hingegen können manche Adverbien, u.a. Adverbien, die eine Einschätzung bezeichnen, z.B. 最好 zuìhǎo *am besten* oder 也许 yěxǔ *vielleicht*, auch am Satzanfang bzw. vor dem Subjekt stehen.

| 我们 最好 一起 去. | Wir gehen am besten zusammen |
| Wǒmen zuìhǎo yìqǐ qù. | hin. |

| 最好 我们 一起 去. | Am besten gehen wir zusammen |
| Zuìhǎo wǒmen yìqǐ qù. | hin. |

Adverbien dürfen nicht vor dem Objekt stehen.

| 我 买 五 卷 胶卷, 你 呢? | Ich kaufe fünf Filme, und du? |
| Wǒ mǎi wǔ juǎn jiāojuǎn, nǐ ne? | |

| 也 买 五 卷. | Auch fünf. (wörtl.: auch kaufen |
| Yě mǎi wǔ juǎn. | fünf) |

Nicht alle Adverbien können vor einer adverbial gebrauchten Zeitangabe stehen.

| 我 也 星期一 来. | Ich komme auch am Montag. |
| Wǒ yě xīngqī yī lái. | |

aber:

| 她 星期二 才 来. | Sie kommt erst am Dienstag. |
| Tā xīngqī èr cái lái. | |

Vor dem Prädikat steht das Adverb – unter Berücksichtigung der oben genannten Einschränkungen – vor dem von ihm bestimmten Satzglied.

第六课 Lektion 6

| 她 也 是 记者.
 Tā yě shi jìzhě. | Sie ist auch Journalistin. |

我 儿子 才 三 岁.
Wǒ érzi cái sān suì.

Mein Sohn ist erst 3 Jahre alt.

这 双 鞋 特别 好看,
Zhè shuāng xié tèbié hǎokàn,
也 不 贵.
yě bú guì.

Dieses Paar Schuhe ist besonders hübsch und auch nicht teuer.

我们 一起 翻译.
Wǒmen yìqǐ fānyì.

Wir übersetzen zusammen.

我 很 想 学 小提琴.
Wǒ hěn xiǎng xué xiǎotíqín.

Ich möchte sehr gerne Geige lernen.

我们 得 先 去 站台.
Wǒmen děi xiān qù zhàntái.

Wir müssen zuerst zum Bahnsteig gehen.

你 下午 也 在 家 吗?
Nǐ xiàwǔ yě zài jiā ma?

Sind Sie nachmittags auch zu Hause?

她 也 下午 去 大学.
Tā yě xiàwǔ qù dàxué.

Sie geht auch nachmittags zur Universität.

b) Die meisten Adverbien können nie alleine, sondern müssen stets zusammen mit dem Prädikat stehen.

我 认识 他 爱人.
Wǒ rènshi tā àiren.

Ich kenne seine Frau.

我 也 认识.
Wǒ yě rènshi.

Ich auch. (wörtl.: ich auch kenne)

他 很 喜欢 中国, 特别
Tā hěn xǐhuan Zhōngguó, tèbié
喜欢 南京.
xǐhuan Nánjīng.

Er mag China sehr gerne, besonders Nánjīng.

c) Eine Frage, die nicht nur auf das Prädikat, sondern auch auf das Adverb zielt, bejaht man kurz mit 是的 shì de oder 对 duì.

他 的 德文 也 很 好 吗?	Ist sein Deutsch auch sehr gut?
Tā de Déwén yě hěn hǎo ma?	
是的. / 对.	Ja. / Ja.
Shì de. / Duì.	
你们 一起 学习 吗?	Studiert Ihr zusammen?
Nǐmen yìqǐ xuéxí ma?	
是的. / 对.	Ja. / Ja.
Shì de. / Duì.	

3. Fehlende Markierung der Zeitstufen

Anders als im Deutschen wird im Chinesischen die Zeitstufe, auf der sich ein Sein bzw. Geschehen abspielt, nicht bezeichnet. Das Sein bzw. Geschehen wird für sich – ohne Zeitbezug – unter dem Aspekt, ob es z.B. gerade stattfindet, sich verändert hat oder vollendet ist, betrachtet und entsprechend angezeigt; ob es in der Gegenwart, Vergangenheit oder Vorvergangenheit liegt, wird jedoch nicht ausgedrückt. Der Zeitbezug kann deshalb oft nur kontextabhängig bestimmt werden. In einzelstehenden Sätzen ohne Zeitangabe ist der Zeitbezug nicht eindeutig.

她 是 我 学生.	Sie ist/war meine Studentin.
Tā shi wǒ xuésheng.	
我 知道.	Ich weiß/wußte es.
Wǒ zhīdao.	
他 想 认识 我 朋友.	Er möchte gerne/wollte gerne meine Freundin kennenlernen.
Tā xiǎng rènshi wǒ péngyou.	
胶卷 很 贵.	Filme sind/waren sehr teuer.
Jiāojuǎn hěn guì.	

Wenn die Beispielsätze im Lehrbuch keine Zeitangaben enthalten, werden sie nur mit dem Präsens übersetzt.

第六课 Lektion 6

4. Verneinung mit 不 bù

不 bù ist ein Negationswort und steht vor dem Satzglied, das es verneint. Es verneint u.a.:

a) die Kopula:

这 不 是 我 的 地图.　　　Das ist nicht meine Landkarte.
Zhè bú shi wǒ de dìtú.

b) das Verbal- und Adjektivprädikat, sofern kein spezieller Aspekt des Seins bzw. Geschehens, z.B. der Veränderung oder Vollendung, angezeigt wird.

我 不 认识 她 爱人.　　　Ich kenne ihren Mann nicht.
Wǒ bú rènshi tā àiren.

他 的 商店 不 大.　　　Sein Geschäft ist nicht groß.
Tā de shāngdiàn bú dà.

c) das Modalverb:

我 现在 不 想 吃饭.　　　Ich möchte jetzt nicht essen.
Wǒ xiànzài bù xiǎng chīfàn.

Beachten Sie, daß 不可以 bù kěyǐ nur *nicht dürfen*, während 不能 bù néng sowohl *nicht dürfen* als auch *nicht können* ausdrückt.

我 今天 没 空, 不 能 去.　　　Ich habe heute keine Zeit und
Wǒ jīntiān méi kòng, bù néng qù.　　　kann nicht gehen.

我 需要 我 的 地图,　　　Ich brauche meinen Atlas, du
Wǒ xūyào wǒ de dìtú,　　　kannst/darfst ihn nicht nehmen.
你 不 能 拿.
nǐ bù néng ná.

小龙, 你 不 可以 喝 咖啡.　　　Xiǎolóng, du darfst nicht Kaffee
Xiǎolóng, nǐ bù kěyǐ hē kāfēi.　　　trinken.

Das Modalverb 得 děi *müssen* wird nicht in der verneinten Bedeutung gebraucht. Für *nicht müssen* bzw. *nicht brauchen* verwendet man Ausdrücke wie 不必 bùbì oder 不用 bú yòng.

d) Die kurze Antwort „nein" drückt man mit dem verneinten Prädikat aus.

| 他们家大吗? | Ist ihr Haus groß? |
| Tāmen jiā dà ma? | |

| 不大. | Nein. |
| Bú dà. | |

| 你知道他的名字吗? | Kennen Sie seinen Namen? |
| Nǐ zhīdao tā de míngzi ma? | |

| 不知道. | Nein. |
| Bù zhīdao. | |

5. Nominalprädikat: Verneinung, Bejahung, Betonung

Ein Nominalprädikat wird mit 不是 bú shi verneint.

| 今天 星期二. | Heute ist Dienstag. |
| Jīntiān xīngqī èr. | |

| 今天不是星期二. | Heute ist nicht Dienstag. |
| Jīntiān bú shi xīngqī èr. | |

Eine auf das Nominalprädikat bezogene Frage wird kurz mit 是的 shì de oder 对 duì bejaht und mit 不是 bú shi verneint.

Man verwendet 是 shì vor dem Nominalprädikat, um dieses hervorzuheben. 是 shì wird dann im 4. Ton gesprochen.

| 我是三十六岁. | Ich bin (wirklich) 36 Jahre alt. |
| Wǒ shì sānshí liù suì. | |

6. Verneinung mit 不是 **bú shi**

Generell können alle Fragen, die nicht oder nicht nur auf das Prädikat zielen, mit 不是 bú shi kurz verneint werden.

第六课 Lektion 6

他 教	日文	吗?		Unterrichtet er	
Tā jiāo	Rìwén	ma?		*Japanisch*?	

他 的 火车	七点	到 吗?	不 是.	Kommt sein Zug **um**	
Tā de huǒchē	qī diǎn	dào ma?	Bú shi.	**7 Uhr** an?	*Nein.*

你们 的 关系	特别	好 吗?		Ist eure Beziehung
Nǐmen de guānxi	tèbié	hǎo ma?		**besonders** gut?

他们	一起	来 吗?		Kommen sie
Tāmen	yìqǐ	lái ma?		**zusammen**?

7. Das Fragewort 哪 nǎ

哪 nǎ bedeutet *welch-*. Es wird zusammen mit dem Zähleinheitswort gebraucht.

我们 去 哪 家 饭店 吃饭?	*In welches Restaurant gehen wir*
Wǒmen qù nǎ jiā fàndiàn chīfàn?	*essen?*

我 要 买 那 两 支 钢笔.	*Ich möchte die zwei Füller kaufen.*
Wǒ yào mǎi nà liǎng zhī gāngbǐ.	

哪 两 支?	*Welche zwei?*
Nǎ liǎng zhī?	

8. ..., 怎么样? ..., zěnmeyàng? und ..., 好吗? ..., hǎo ma?

Im Anschluß an einen Vorschlag kann man den Ausdruck 怎么样 zěnmeyàng oder 好吗 hǎo ma verwenden, um den Gesprächspartner zu fragen, was er davon hält bzw. ob er damit einverstanden ist.

我们一起 去 吃饭, 怎么样?	*Wie wäre es, wenn wir zusammen*
Wǒmen yìqǐ qù chīfàn, zěnmeyàng?	*essen gehen? / Wollen wir zusammen essen gehen?*

今天 你 去 买 菜, 好 吗?	*Geh du heute (Lebensmittel) ein-*
Jīntiān nǐ qù mǎi cài, hǎo ma?	*kaufen, einverstanden?*

6D Übungen

1. *Suchen Sie jeweils ein passendes Adjektiv als Prädikat aus, um die folgenden Sätze zu vervollständigen. Beachten Sie, wann Sie ein Adverb hinzufügen müssen:*
   糊涂 hútu, 便宜 piányi, 忙 máng, 贵 guì, 好 hǎo, 小 xiǎo, 好看 hǎokàn.
   Beispiel: Tā de Rìwén hěn hǎo.
   a) Wǒmen de túshūguǎn ... .   b) Zhè liàng zìxíngchē ... .   c) Yǒuyì Shāngdiàn ... ma?   d) Duìbuqǐ, wǒ xiànzài ... , bù néng qù jiē tā.   e) Nǐ kàn , zhè shuāng xié ... ma?   f) Āiyo, nǐ ... .

2. *Erweitern Sie die Sätze um ein Adverb:*
   a) Shùdé xǐhuan chī Sìchuān cài.   (besonders)
   b) Xiànzài wǔ diǎn bàn.   (erst)
   c) Wǒmen bā diǎn bàn jiànmiàn.   (erst)
   d) Wǒmen děi fānyì shénme?   (zuerst)
   e) Tā àiren shi lǎoshī.   (auch)
   f) Tā de huǒchē qī diǎn dào.   (auch)
   g) Ānlì jīntiān hěn máng, shàngwǔ yǒu kè, xiàwǔ yǒu kè.   (auch)
   h) Kāfēi guì ma?   (sehr)
   i) Wǒmen xiān qù jiē Lǐ Xiānsheng.   (am besten)
   j) Nǐ kěyǐ qù ma?   (alleine)
   k) Wǒmen shénme shíhou qù kàn diànyǐng?   (zusammen)

3. *Antworten Sie auf die Fragen gemäß den vorgegebenen Antworten:*
   a) Wǒ xìng Wú, nǐ ne?   (Ich auch)
   b) Wǒ zhùzài Xī-Xīnglóng Jiē, nǐ ne?   (Ich auch)
   c) Ānlì fānyì Zhōngwén hé Yīngwén, nǐ ne?   (Ich auch)
   d) Wǒ xiànzài qù, nǐ ne?   (Ich auch)
   e) Wǒ yǒu liǎng ge háizi, nǐ ne?   (Auch zwei)

4. *Beantworten Sie die Fragen verneinend. Antworten Sie in vollständigen Sätzen:*
   a) Wáng Xiānsheng zài túshūguǎn ma?   b) Zhè ge diànyǐng hǎokàn ma?   c) Tāmen yǒu háizi ma?   d) Zhè shi Cháng'ān Jiē ma?   e) Nǐ yǒu kòng ma? Nǐ kěyǐ qù jiē tā ma?   f) Wǒmen kěyǐ zhàoxiàng ma?   g) Nǐ xǐhuan chī Fǎguó cài ma?   h) Nǐ xiǎng zhīdao ma?   i) Tā jiā dà ma? Nǐ néng zhùzài tā jiā ma?

第六课 Lektion 6

5. *Verneinen Sie das Nominalprädikat:*
   a) Míngtiān xīngqī tiān.   b) Xiànzài shíyī diǎn.   c) Tā nǚ'ér shíwǔ suì.

6. *Antworten Sie kurz mit „ja" auf die Fragen:*
   a) Zhè jiā fàndiàn guì ma?   b) Nǐ yǒu dìtú ma?   c) Tā shi nǐ de xuésheng ma?
   d) Nǐ zhīdao tā de míngzi ma?   e) Tā xìng Liú ma?   f) Nǐ míngtiān wǎnshang cái lái ma?   g) Tāmen de guānxi tèbié hǎo ma?   h) Nǐ máng ma?   i) Jīntiān xīngqī sì ma?   j) Tā kěyǐ lái jiē nǐ ma?

7. *Antworten Sie kurz mit „nein" auf die Fragen von Übung 6.*

8. *Übersetzen Sie:*
   a) In welcher Straße ist das Sìchuān-Restaurant?   b) In welchen Film geht ihr?
   c) Welches Paar Schuhe wollen Sie kaufen?   d) Aus welchem Land kommt dein Freund?   e) Welche drei Bücher brauchen Sie?

9. *Übersetzen Sie:*
   a) Danke.
      Nichts zu danken.
   b) Bis Samstag!
      Bis Samstag!
   c) Entschuldigung!
      Macht nichts.

10. *Machen Sie Ihrer Freundin drei Vorschläge und fragen Sie sie, was sie davon hält bzw. ob sie damit einverstanden ist.*

第七课 *Lektion 7*
Dì qī kè

7A Text

BANK OF CHINA 中国银行

1. A = Bankangestellte
   B = Bèi Ānlì

   安丽现在在一家银行. 她在那儿换钱.
   Ānlì xiànzài zài yì jiā yínháng. Tā zài nàr huànqián.

   A: 您好!
      Nín hǎo!

   B: 您好! 我要换钱, 换德国马克.
      Nín hǎo! Wǒ yào huànqián, huàn Déguó Mǎkè.

   A: 您要换多少?
      Nín yào huàn duōshao?

   B: 今天一百马克是多少人民币?
      Jīntiān yì bǎi Mǎkè shi duōshao Rénmínbì?

   A: 三百五十六元二角七分.
      Sān bǎi wǔshí liù Yuán èr Jiǎo qī Fēn.

   B: 我换两百五十马克.
      Wǒ huàn liǎng bǎi wǔshí Mǎkè.

外汇牌价

(1993年6月19日)
单位: 人民币元

货币	买入价	卖出价
(单位: 100)		
美元	574.68	577.56
英镑	860.99	865.30
德国马克	341.87	343.58
瑞士法郎	386.46	388.40
法国法郎	101.81	102.32
新加坡元	353.99	355.76
澳大利亚元	388.23	390.18
港币	73.92	74.29
澳门元	71.77	72.13
(单位: 100000)		
日元	5236.26	5262.51

国家外汇管理局公布

第七课 Lektion 7

A: 好. ... 这一共是七百一十二块五毛四分.
   Hǎo. ... Zhè yígòng shi qī bǎi yīshí èr Kuài wǔ Máo sì Fēn.

2. Ānlì (A) fragt ihre chinesische Freundin Lìlì (B), ob sie mit ihr Seide einkauft.

A: 莉莉, 我需要几米丝绸. 你能陪我去买吗?
   Lìlì, wǒ xūyào jǐ mǐ sīchóu. Nǐ néng péi wǒ qù mǎi ma?

B: 真巧! 我现在要去西单百货商场买东西.
   Zhēn qiǎo! Wǒ xiànzài yào qù Xīdān Bǎihuò Shāngchǎng mǎi dōngxi.
   那儿也有丝绸. 你可以跟我去.
   Nàr yě yǒu sīchóu. Nǐ kěyǐ gēn wǒ qù.

A: 好. 我们坐公共汽车去吗?
   Hǎo. Wǒmen zuò gōnggòng qìchē qù ma?

B: 不, 我们坐电车.
   Bù, wǒmen zuò diànchē.

Lektion 7 第七课

3. A = Bèi Ānlì
B = Verkäufer 售货员 shòuhuòyuán

安丽现在在西单百货 商场. 她在那儿买 料子.
Ānlì xiànzài zài Xīdān Bǎihuò Shāngchǎng. Tā zài nàr mǎi liàozi.

A: 请问, 这些料子是 杭州 丝绸吗?
 Qǐngwèn, zhè xiē liàozi shi Hángzhōu sīchóu ma?

B: 这些不是. 杭州 丝绸在这儿.
 Zhè xiē bú shi. Hángzhōu sīchóu zài zhèr.

A: 这 种 真 好看! 一米 多少 钱?
 Zhè zhǒng zhēn hǎokàn! Yì mǐ duōshao qián?

B: 这 种 一米二十二块八毛九.
 Zhè zhǒng yì mǐ èrshí èr Kuài bā Máo jiǔ.

A: 不贵. 那么, 我买九米. 一共 多少 钱?
 Bú guì. Nàme, wǒ mǎi jiǔ mǐ. Yígòng duōshao qián?

B: 一共 两百 〇 六块一分.
 Yígòng liǎng bǎi líng liù Kuài yì Fēn.

第七课 Lektion 7

Vokabeln

yínháng	银行	Bank (ZEW: 个 gè, 家 jiā)
zài + *Ort* + *Verb*	在 + Ort + Verb	*in, an, auf* usw. + Ort + Verb
huàn + *Obj.*	换 + Obj.	*etw. wechseln, umtauschen*
qián	钱	*Geld*
huànqián (VO)	换钱	*(Geld) umtauschen, wechseln*
nín	您	*höfliche Form von* 你 nǐ
Mǎkè	马克	*Deutsche Mark*
duō	多	*viel*
shǎo	少	*wenig*
duōshao	多少	*wie viele, wieviel*
X bǎi	X 百	*X hundert*
yì bǎi	一百	*einhundert*
rénmín	人民	*Volk*
Rénmínbì	人民币	*Volkswährung (Name der chinesischen Währung)*
Yuán	元	*größte Einheit der Rénmínbì*
Jiǎo	角	*zweitgrößte Einheit der Rénmínbì (= 1/10 Yuán)*
Fēn	分	*kleinste Einheit der Rénmínbì (=1/10 Jiǎo)*
yígòng	一共	*insgesamt*
Kuài	块	*mündl. für* 元 *Yuán*
Máo	毛	*mündl. für* 角 *Jiǎo*
jǐ	几	*einige, ein paar*
mǐ	米	*Meter (-ZEW)*
sīchóu	丝绸	*Seide (ZEW: Sorte* 种 *zhǒng; Meter* 米 *mǐ)*
péi + *Person* + *Verb*	陪 + Person + Verb	*(begleitend) mit jdm. + Verb*
Zhēn qiǎo!	真巧!	*Das trifft sich gut!, Was für ein Zufall!*
(bǎihuò) shāngchǎng	(百货) 商场	*(großes) Kaufhaus*
dōngxi	东西	*Ding, Sache (ZEW:* 个 *gè; Sorte* 种 *zhǒng); etwas*
mǎi dōngxi	买东西	*einkaufen*
yǒu	有	*es gibt*
gēn	跟	*folgen*
gēn + *Person* + *Verb*	跟 + Person + Verb	*mit jdm. + Verb*
zuò + *Fahrzeug*	坐 + Fahrzeug	*fahren mit + Fahrzeug*
zuò + *Fahrzeug* + *Verb*	坐 + Fahrzeug + Verb	*mit + Fahrzeug + Verb*
qìchē	汽车	*Auto, Wagen (ZEW:* 辆 *liàng)*
gōnggòng	公共	*öffentlich*
gōnggòng qìchē	公共汽车	*Bus (ZEW:* 辆 *liàng)*

diànchē	电车	Straßenbahn (ZEW: 辆 liàng)	X duōshao qián?	X 多少钱?	Wieviel kostet X?
shòuhuòyuán	售货员	Verkäufer	Xīdān Bǎihuò Shāngchǎng	西单百货商场	Xīdān-Kaufhaus (in Běijīng)
liàozi	料子	Stoff (Gewebe)			
wèn	问	fragen			
qǐngwèn, ...	请问	Darf ich fragen, ...	Hángzhōu	杭州	Hauptstadt der Provinz 浙江 Zhèjiāng
zhè xiē	这些	diese (Pl.)			
zhǒng	种	Sorte			

7B Mustersätze

1. **Verb im Vergleich zu Koverb + Substantiv als Adverbial**

   a) Nǐ māma zài nǎr?
      Nǐ māma zài nǎr gōngzuò?
      Wo ist Ihre Mutter?
      Wo arbeitet Ihre Mutter?

   b) Ānlì zài yínháng.
      Ānlì zài yínháng huànqián.
      Ānlì ist auf der Bank.
      Ānlì tauscht Geld in der Bank um.

   c) Wǒ zuò gōnggòng qìchē.
      Wǒ zuò gōnggòng qìchē lái.
      Ich fahre mit dem Bus.
      Ich komme mit dem Bus.

   d) Nǐ kěyǐ qí wǒ de zìxíngchē.
      Nǐ kěyǐ qí wǒ de zìxíngchē qù mǎi cài.
      Du kannst mit meinem Fahrrad fahren.
      Du kannst mit meinem Fahrrad zum (Lebensmittel) Einkaufen fahren.

   e) Xiǎolóng gēn nǐ ma?
      Xiǎolóng gēn nǐ qù ma?
      Geht Xiǎolóng mit dir?
      Geht Xiǎolóng mit dir hin?

   f) Wǒmen míngtiān jiànmiàn.
      Wǒ gēn Dàwèi míngtiān jiànmiàn.
      Wir treffen uns morgen.
      Ich treffe mich mit Dàwèi morgen.

   g) Wǒ péi nǐ.
      Ich begleite dich. / Ich bleibe bei dir (und leiste dir Gesellschaft).
      Wǒ péi nǐ qù wèn tā.
      Ich gehe (als Begleitperson) mit dir ihn fragen.

第七课 Lektion 7

2. **Währung**
   a) Wǒ méi yǒu Rénmínbì le. Wǒ yào qù yínháng huànqián.
      Ich habe keine Volkswährung mehr. Ich will in die Bank gehen und Geld wechseln.
   b) Jīntiān yì Mǎkè shi sān Yuán wǔ Jiǎo èr Fēn.
      Heute ist 1 Mark 3 Yuán 5 Máo 2 Fēn.
   c) Wǒ yǒu liǎng Kuài, nǐ yǒu liǎng Máo, tā yǒu jiǔ Fēn, yígòng shi liǎng Kuài èr Máo jiǔ (Fēn).
      Ich habe 2 Kuài, du hast 2 Máo, er hat 9 Fēn, insgesamt sind das 2 Kuài, 2 Máo 9 Fēn.
   d) Zhè yígòng shi èr/liǎng bǎi yīshí èr Kuài èr (Máo).
      Dies sind insgesamt 212 Kuài 2 Máo.
   e) Wǒ chà yì bǎi líng yī Kuài (líng) èr Fēn.
      Mir fehlen 101 Kuài 2 Fēn.

3. 多少 **duōshao**
   a) Nǐmen de túshūguǎn yǒu duōshao shū?
      Wie viele Bücher hat eure Bibliothek?
   b) Déguó yígòng yǒu duōshao dàxué?
      Wie viele Universitäten gibt es in Deutschland insgesamt?
   c) Tā xūyào duōshao qián?
      Wieviel Geld braucht er?
   d) Nǐ jīntiān kěyǐ fānyì duōshao?
      Wieviel können Sie heute übersetzen?

4. **Preisangabe**
   a) Zhè shuāng xié shíyī Kuài sān Máo jiǔ (Fēn).
      Nà shuāng   duōshao qián?
      Nà shuāng   shíjiǔ Kuài qī (Máo).
      Dieses Paar Schuhe kostet 11 Kuài 3 Máo 9 Fēn.
      Wieviel kostet das Paar da?
      Das Paar kostet 19 Kuài 7 Máo.
   b) Wǒ mǎi wǔ ge pīngpángqiú, yígòng duōshao qián?
      Yí ge qī Fēn, wǔ ge yígòng sān Máo wǔ (Fēn).
      Ich kaufe 5 Tischtennisbälle. Wieviel macht das zusammen?
      Einer kostet 7 Fēn. Fünf kosten insgesamt 3 Máo 5 Fēn.
   c) Zhè zhǒng sīchóu yì mǐ duōshao qián?
      Yì mǐ sìshí Kuài.
      Wie teuer ist diese Sorte Seide pro Meter?
      Ein Meter kostet 40 Kuài.

5. 几 **jǐ im Aussagesatz**
   a) Zhè tiáo jiē yǒu jǐ jiā shāngdiàn.
      Es gibt ein paar Läden in dieser Straße.

b) Wǒ wǎnshang yào gēn jǐ ge péng-you yìqǐ chīfàn. — *Abends will ich mit einigen Freunden zusammen essen.*

c) Wǒ yǒu jǐ mǐ Hángzhōu sīchóu. — *Ich habe ein paar Meter Hángzhōu-Seide.*

6. 这些 **zhè xiē**, 那些 **nà xiē**, 哪些 **nǎ xiē**

   a) Zhè xiē dōngxi hěn piányi. — *Diese Dinge sind (sehr) billig.*

   b) Nà xiē rén shi jìzhě. — *Die Leute da sind Journalisten.*

   c) Nǎ xiē háizi gēn wǒmen qù? — *Welche Kinder gehen mit uns?*
   Zhè xiē gēn wǒmen, nà xiē gēn Lǐ Lǎoshī. — *Diese gehen mit uns, die da gehen mit Lehrerin Lǐ.*

7. 有 **yǒu** *es gibt*

   a) Qǐngwèn, zhèr yǒu fàndiàn ma? — *Entschuldigung, gibt es hier ein Restaurant?*

   b) Zhè tiáo jiē méi yǒu yínháng. — *Es gibt keine Bank in dieser Straße.*

   c) Qǐngwèn, nǎr yǒu xiédiàn? — *Entschuldigen Sie, wo gibt es ein Schuhgeschäft?*

   d) Méi yǒu gōnggòng qìchē le. — *Es gibt keinen Bus mehr.*

8. 东西 **dōngxi**

   a) Zhè shi shénme dōngxi? — *Was ist das (für ein Ding)?*

   b) Xiùchūn hěn xǐhuan mǎi dōngxi. — *Xiùchūn kauft sehr gerne ein.*

   c) Nǐ yào hē dōngxi ma? — *Möchtest Du etwas trinken?*

7C Grammatik

1. Koverb + Substantiv als Adverbial

Eine Reihe von Verben im Chinesischen, z.B. 在 *zài sich befinden (in)*, 坐 *zuò sitzen; fahren (mit)* oder 跟 *gēn folgen*, kann zusammen mit einem Substantiv bzw. einer substantivischen Wortgruppe das Adverbial des Satzes bilden. Diese Verben werden im Deutschen durch Präpositionen wiedergegeben. Sie werden dann Koverben genannt.

Koverb + Substantiv als Adverbial stehen vor dem Verb.

第七课 Lektion 7

Subjekt	Adverbial: Koverb + Substantiv	Verb
我们	跟 老师	去.
Wǒmen	gēn lǎoshī	qù.

Wir gehen mit dem Lehrer.
(wörtl.: *wir folgen dem Lehrer (und) gehen*).

Beispiele:

	Verb	Koverb + Substantiv als Adverbial
在 zài	zài + Ort: *sich befinden in* 她 在 银行. Tā zài yínháng. *Sie ist/befindet sich in der Bank.*	zài + Ort + Verb: *in, an, auf, bei* usw. 她 在 银行 工作. Tā zài yínháng gōngzuò. *Sie arbeitet in der Bank.*
坐 zuò	*sitzen;* zuò + Fahrzeug: *fahren mit* 我们 坐 电车. Wǒmen zuò diànchē. *Wir fahren mit der Straßenbahn.*	zuò + Fahrzeug + Verb: *mit* 我们 坐 电车 去. Wǒmen zuò diànchē qù. *Wir fahren mit der Straßenbahn hin.*
骑 qí	qí + Fahrrad: *Fahrrad fahren* 我 喜欢 骑 自行车. Wǒ xǐhuan qí zìxíngchē. *Ich fahre gerne Fahrrad.*	qí + Fahrrad + Verb: *mit* 你 骑 自行车 来 吗? Nǐ qí zìxíngchē lái ma? *Kommst du mit dem Fahrrad?*
跟 gēn	gēn + Person: *folgen* 你 跟 谁? Nǐ gēn shéi? *Wem folgst du? / Mit wem gehst/kommst du?*	gēn + Person + Verb: *mit* 你 跟 谁 去 看 电影? Nǐ gēn shéi qù kàn diànyǐng? *Mit wem gehst du ins Kino?*
陪 péi	péi + Person: *begleiten* 对不起, 我 不 能 陪 你. Duìbuqǐ, wǒ bù néng péi nǐ. *Entschuldigung, daß ich Sie nicht begleiten kann.*	péi + Person + Verb: *(begleitend) mit* 对不起, 我 不 能 陪 你 吃饭. Duìbuqǐ, wǒ bù néng péi nǐ chīfàn. *Entschuldigung, daß ich nicht (begleitend) mit Ihnen essen kann.*

2. Zahlen von 100 bis 999

a) Die Hunderter-Stelle einer Zahl bildet man mit 百 bǎi *Hundert*. Zahlen von 100 bis 999 ergeben sich durch Multiplikation bzw. Multiplikation und Addition.

> 100 = yī x bǎi → yì bǎi 一百
>
> 968 = jiǔ x bǎi + liù x shí + bā → jiǔ bǎi liùshí bā 九百六十八

b) Beachten Sie:

Im Gegensatz zum Deutschen darf bei der Zahl 100 一百 yì bǎi der Bestandteil 一 yì nie ausgelassen werden.

Bei den Zahlen von 110 bis 119 wird die Zehner-Stelle meist 一十 yī shí statt 十 shí gelesen.

110 = 一百一十 yì bǎi yīshí

117 = 一百一十七 yì bǎi yīshí qī

Steht an der Zehner-Stelle die Null, muß 零 (auch: 0) líng gelesen werden.

502 = 五百○二 wǔ bǎi líng èr

An der Hunderter-Stelle wird die Ziffer 2 èr oft auch 兩 liǎng gelesen.

222 = 二百二十二 / 兩百二十二 èr bǎi èrshí èr / liǎng bǎi èrshí èr

3. Währung, Geldangabe

a) Die chinesische Währung heißt 人民币 Rénmínbì *Volkswährung* (Abkürzung: RMB, Währungssymbol: ¥).

第七课 Lektion 7

人民币 Rénmínbì hat drei Einheiten: 元 Yuán, 角 Jiǎo und 分 Fēn. Mündlich verwendet man jedoch 块 Kuài statt 元 Yuán und 毛 Máo statt 角 Jiǎo. Das Verhältnis der Einheiten zueinander ist:

10 分 = 1 角 / 1 毛
10 Fēn = 1 Jiǎo / 1 Máo
10 角 / 10 毛 = 1 元 / 1 块
10 Jiǎo / 10 Máo = 1 Yuán / 1 Kuài

b) Geldbeträge werden wie folgt gelesen:

Beträge, die nur eine Einheit enthalten:
0.06 ¥ = 六分 liù Fēn
0.40 ¥ = 四毛 sì Máo
127.00 ¥ = 一百二十七块 yì bǎi èrshí qī Kuài

Oft setzt man noch das Wort 钱 qián *Geld* hinzu:
0.40 ¥ = 四毛(钱) sì Máo (qián)

Bei einem Betrag mit mehreren Einheiten, geht man zur nächstgrößeren Einheit über, sobald die Summe dies zuläßt. So wird z.B. 0.35 ¥ 三毛五分 sān Máo wǔ Fēn und nicht 三十五分 sānshí wǔ Fēn gelesen.

Steht 毛 Máo als letzte Einheit des Betrags, kann das Wort 毛 Máo entfallen.
12.80 ¥ = 十二块八(毛) shí'èr Kuài bā (Máo)

Als letzte Einheit eines Betrags kann 分 Fēn ebenfalls ausgelassen werden, jedoch nur wenn an der Stelle der Einheit 毛 Máo nicht Null steht.
89.99 ¥ = 八十九块九毛九(分) bāshí jiǔ Kuài jiǔ Máo jiǔ (Fēn)
89.09 ¥ = 八十九块九分 bāshí jiǔ Kuài jiǔ Fēn

Wenn zwischen 块 Kuài und 分 Fēn an der Stelle der Einheit 毛 Máo Null steht, wird hierfür oft 零 bzw. 0 líng gelesen. 分 Fēn darf nicht entfallen.
89.09 ¥ = 八十九块 (0) 九分 bāshí jiǔ Kuài (líng) jiǔ Fēn

Der Betrag 2 Fēn kann 二分 èr Fēn oder 兩分 liǎng Fēn gelesen werden, als letzte Einheit eines Betrags jedoch nur 二分 èr Fēn.

0.02 ¥ = 二分 èr Fēn / liǎng Fēn

3.52 ¥ = 三块五毛二(分) sān Kuài wǔ Máo èr (Fēn)

2 Máo wird 兩毛 liǎng Máo gelesen, wenn es die einzige Einheit oder den Anfang eines Betrags bildet. Zwischen 块 Kuài und 分 Fēn wird es 二毛 èr Máo gelesen.

0.20 ¥ = 兩毛 liǎng Máo

0.22 ¥ = 兩毛二(分) liǎng Máo èr (Fēn)

8.22 ¥ = 八块二毛二(分) bā Kuài èr Máo èr (Fēn)

Den Betrag 2 Kuài liest man 兩块 liǎng Kuài. Außer an der Zehner- und Einer-Stelle kann 2 bei einem größeren Betrag in Verbindung mit 块 Kuài statt 二 èr auch 兩 liǎng gelesen werden.

2.00 ¥ = 兩块 liǎng Kuài

222.22 ¥ = 二百二十二块二毛二(分) / 兩百二十二块二毛二(分) èr bǎi èrshí èr Kuài èr Máo èr (Fēn) / liǎng bǎi èrshí èr Kuài èr Máo èr (Fēn)

4. Das Fragewort 多少 duōshao

Das Fragewort 多少 duōshao bedeutet *wie viele* oder *wieviel*.

Während man bei einer Frage mit 几 jǐ *wie viele* in der Antwort eine Zahl nicht wesentlich über 10 erwartet (vgl. L 2), verwendet man 多少 duōshao, wenn man eine Zahl über 10 vermutet. Im Gegensatz zu 几 jǐ muß bei 多少 duōshao kein Zähleinheitswort stehen - meistens wird es ausgelassen. Ferner wird 多少 duōshao gebraucht, wenn nach einer unzählbaren Menge gefragt wird. Es entspricht dann dem deutschen *wieviel*.

北京大学有 多少 学生?　　　*Wie viele Studenten hat die Běi-*
Běijīng Dàxué yǒu duōshao xuésheng?　*jīng-Universität?*

你要买 多少 咖啡?　　　*Wieviel Kaffee wollen Sie kaufen?*
Nǐ yào mǎi duōshao kāfēi?

5. Frage nach dem Preis

Die Frage nach dem Preis stellt man mit dem Fragewort 多少 duōshao *wieviel* und dem Wort 钱 qián *Geld*. 多少钱 duōshao qián bzw. die Preisangabe steht - ohne die Kopula 是 shi oder ein Verb - als Nominalprädikat im Satz.

第七课 Lektion 7

Gegenstand	多少 钱？ duōshao qián?	
这 本 地图 Zhè běn dìtú	多少 钱？ duōshao qián?	*Wieviel kostet dieser Atlas? / Wie teuer ist dieser Atlas?*
这 本 Zhè běn	六 块 二。 liù Kuài èr.	*Dieser kostet 6 Kuài 2 Máo.*

6. 几 jǐ im Aussagesatz

几 jǐ wird nicht nur in der Bedeutung von *wie viele* gebraucht. Es steht auch im Aussagesatz und bedeutet dann *ein paar* oder *einige*. 几 jǐ wird auch hier mit dem Zähleinheitswort gebraucht.

我 认识 几 个 记者。 Wǒ rènshi jǐ ge jìzhě.	*Ich kenne einige/ein paar Journalisten.*

7. Das Zähleinheitswort 些 xiē

Als Zähleinheitswort wird 些 xiē in Verbindung mit dem Demonstrativpronomen 这 zhè *dies* oder 那 nà *das (da)* sowie dem Fragewort 哪 nǎ *welch-* gebraucht. Es bezeichnet eine unbestimmte Mehrzahl sowie eine unzählbare Menge.

这 些 料子 是 丝绸。 Zhè xiē liàozi shi sīchóu.	*Diese Stoffe sind Seide.*
那 些 呢？ Nà xiē ne?	*Und die da?*
哪 些 老师 下午 没 课？ Nǎ xiē lǎoshī xiàwǔ méi kè?	*Welche Lehrer haben nachmittags keinen Unterricht?*
我 不 需要 这 些 钱。 Wǒ bù xūyào zhè xiē qián.	*Ich brauche dieses Geld nicht.*

8. 有 yǒu *es gibt*

Das Verb 有 yǒu *haben* kann auch im Sinne von *es gibt* verwendet werden. Die Ortsbestimmung, die angibt, wo es etwas gibt, steht dann als Subjekt des Satzes.

哪儿有银行? Wo gibt es eine Bank? (wörtl.: wo
Nǎr yǒu yínháng? hat eine Bank?)

长安街有. In der Cháng'ān-Straße. (wörtl.:
Cháng'ān Jiē yǒu. in der Cháng'ān-Straße gibt es)

Hat der Satz ein neutrales Subjekt, so bleibt die Stelle des Subjekts unbesetzt.

没有咖啡了. Es gibt keinen Kaffee mehr.
Méi yǒu kāfēi le.

9. 东西 dōngxi als Indefinitpronomen

Viele, vor allem einsilbige Verben im Chinesischen müssen ein Objekt als Ergänzung haben (vgl. L 1 C6). Wenn ein Objekt nicht näher bestimmt werden kann oder soll, wird oft 东西 dōngxi *Ding, Sache* als Indefinitpronomen im Sinne von *etwas* verwendet.

我去买东西. Ich gehe einkaufen.
Wǒ qù mǎi dōngxi. (wörtl.: Ich gehe Dinge/etwas kaufen.)

妈妈,我要吃东西. Mama, ich will (etwas) essen.
Māma, wǒ yào chī dōngxi.

10. Höfliche Frage mit 请问 qǐngwèn

Um eine Frage höflich zu stellen, kann man diese mit 请问 qǐngwèn einleiten. 请 qǐng bedeutet *bitten* und 问 wèn *fragen*. 请问 qǐngwèn heißt etwa *Darf ich fragen, ...* oder *Entschuldigung* und wird nur dann gebraucht, wenn man die Frage an eine fremde oder nicht vertraute Person stellt.

请问,火车站在哪儿? Wo ist der Bahnhof, bitte?
Qǐngwèn, huǒchēzhàn zài nǎr?

请问,哪儿有银行? Entschuldigung, wo gibt es eine
Qǐngwèn, nǎr yǒu yínháng? Bank?

第七课 Lektion 7

11. Das Personalpronomen 您 nín

您 nín ist die höfliche Form von 你 nǐ. Im Unterschied zu „Sie" im Deutschen wird 您 nín viel seltener als 你 nǐ verwendet. Man kann jemanden mit 你 nǐ anreden, ohne unhöflich zu sein. Mit 您 nín wird vor allem eine Respektsperson, eine ältere Person oder Kundschaft angeredet. Der Gebrauch von 您 nín ist in Nordchina verbreiteter als im Süden.

7D Übungen

1. *Fragen Sie (A), wo die genannten Personen folgende Tätigkeiten ausführen. B antwortet gemäß den angegebenen Ortsangaben:*

    Beispiel: Ānlì: übersetzen, Bibliothek
    A: Ānlì zài nǎr fānyì?
    B: Ānlì zài túshūguǎn fānyì.

    a) seine Frau: arbeiten, hier
    b) er: Seide kaufen, Kaufhaus
    c) Sōngqīng: Schuhe kaufen, Yǒnghé-Schuhgeschäft
    d) Herr Lǐ: arbeiten, Restaurant
    e) Petra: Kaffee trinken, dort
    f) Dàwèi: Geld umtauschen, Bank
    g) Yuèyù und Zìlì: sich treffen, Bahnhof
    h) ihr Freund: fotografieren, Dōng-Xīnglóng Straße
    i) Lìlì: Deutsch studieren, Uni Běijīng
    j) Bān Chéng: essen, Sìchuān-Restaurant

2. *Vervollständigen Sie die Sätze durch Hinzufügung des vorgegebenen Adverbials:*

    Beispiel: zhè shuāng xié hěn hǎokàn - besonders
    Zhè shuāng xié tèbié hǎokàn.

    a) wǒ qù huànqián - nachmittags
    b) tā lái - mit dem Fahrrad
    c) tāmen jiéhūn - wann
    d) wǒ qù kàn Dīng Lǎoshī - mit Dàwèi
    e) tāmen zhùzài nǎr - jetzt

f) tāmen zhàoxiàng - dort
g) wǒ qù mǎi dōngxi - (als Begleitperson) mit meinem Freund
h) wǒ kěyǐ lái - mit der Straßenbahn
i) wǒ jiějie gōngzuò - in der Bank
j) nǐmen jiànmiàn - an welchem Wochentag
k) tā qù mǎi dōngxi - alleine

3. Lesen Sie die Zahlen:
   a) 100, 200   b) 420, 860   c) 539, 712   d) 906, 204

4. Schreiben Sie aus, was die jeweilige Kundschaft, die Deutsche Mark in chinesische Währung umtauscht, gemäß dem Wechselkurs 100 DM = 352.60 ¥ bekommt. Nennen Sie alle vertretenen Währungseinheiten:
   Beispiel: 20 DM = 70.52 ¥: qīshí Yuán wǔ Jiǎo èr Fēn
   a) 50 DM = 176.64 ¥
   b) 150 DM = 539.92 ¥
   c) 200 DM = 705.20 ¥
   d) 250 DM = 868.00 ¥

5. Übersetzen Sie:
   a) Wie viele Kinder hat dein jüngerer Bruder?   b) Wieviel Geld wollen Sie umtauschen?   c) Wie viele Verkäufer hat das Xīdān-Kaufhaus?   d) Wieviel Uhr ist es jetzt?   e) Wir sind insgesamt 10 Leute. Wie viele Wagen brauchen wir?   f) Wie viele Gerichte möchten Sie haben?   g) Wieviel Kaffee wollen Sie trinken?

6. Fragen Sie (A) nach dem Preis folgender Gegenstände. Der Verkäufer (B) antwortet gemäß der vorgegebenen Preisangabe. Verwenden Sie die im Mündlichen üblichen Bezeichnungen der Währungseinheiten. Wenn möglich, lassen Sie die Bezeichnung 毛 Máo bzw. 分 Fēn aus:
   Beispiel: A: (dieses Buch): Zhè běn shū duōshao qián?
               B: (4.29 ¥): Zhè běn shū sì Kuài èr Máo jiǔ.
   a) A: (dieser Füller)
      B: (7.20 ¥)
   b) A: (diese Sorte Seide, pro Meter)
      B: (29.22 ¥)
   c) A: (diese Sorte Film, pro Stück)
      B: (7.25 ¥)

第七课 Lektion 7

   d) A: (das Fahrrad da)
      B: (202 ¥)
   e) A: (dieses Gericht)
      B: (2.00 ¥)
   f) A: (diese drei Stifte zusammen)
      B: (1.05 ¥)

7. *Übersetzen Sie:*
   a) Hier gibt es keine Bank. In der Zhōngshān-Straße gibt es einige.
   b) Dies (=diese) sind nicht meine Bücher.
   c) Ich fahre nach Shànghǎi, um ein paar Freunde zu besuchen.
   d) Ich brauche diese Sachen nicht.
   e) Er hat kein Geld, ich habe etwas.
   f) Welche Studenten wollen nicht ins Kino gehen?

8. *Fragen Sie einen Fremden höflich:*
   Beispiel: wo die Bibiliothek ist.
                Qǐngwèn, túshūguǎn zài nǎr?
   a) wo die Wángfǔjǐng-Straße ist.   b) ob es hier ein Kaufhaus gibt.   c) wo es eine Bank gibt.   d) wie spät es ist.   e) ob Sie mit dem Bus zum Xīdān-Kaufhaus fahren können.

第八课 *Lektion 8*
Dì bā kè

8A Text

食堂
shítáng

糟糕、食堂关门了。
Zāogāo, shítáng guānmén le.

1. Shǐ Dàwèi (A) trifft seine Kommilitonin Lìlì (B) auf dem Universitätsgelände.

   A: 莉莉，你吃午饭了吗?
   　　Lìlì, nǐ chī wǔfàn le ma?

   B: 吃了. 你还没有吃吗?
   　　Chī le. Nǐ hái méiyǒu chī ma?

   A: 还没有. 我现在去食堂. 糟糕，两点三刻了，
   　　Hái méiyǒu. Wǒ xiànzài qù shítáng. Zāogāo, liǎng diǎn sān kè le,
   　　食堂关门了! 你现在去哪儿?
   　　shítáng guānmén le! Nǐ xiànzài qù nǎr?

   B: 我没课了. 我要跟安丽去游泳.
   　　Wǒ méi kè le. Wǒ yào gēn Ānlì qù yóuyǒng.

2. Shǐ Dàwèi (A) sucht Lehrerin Wáng (B) in ihrem Büro auf.

   A: 王老师，你下课了吗?
   　　Wáng Lǎoshī, nǐ xiàkè le ma?

   B: 下了. 我今天上了五节课. 请坐! 要喝
   　　Xià le. Wǒ jīntiān shàng le wǔ jié kè. Qǐng zuò! Yào hē
   　　一点儿茶吗?
   　　yìdiǎnr chá ma?

第八课 Lektion 8

A: 谢谢, 不用. 我 马上 得走. 我 昨天 找 你,
   Xièxie, búyòng. Wǒ mǎshàng děi zǒu. Wǒ zuótiān zhǎo nǐ,
   你 不 在.
   nǐ bú zài.

B: 昨天 我 没 来 大学. 你 有 什么 事情?
   Zuótiān wǒ méi lái dàxué. Nǐ yǒu shénme shìqing?

A: 我 下 星期 要 跟 一 个 朋友 去 西安, 不 能 来
   Wǒ xià xīngqī yào gēn yí ge péngyou qù Xī'ān, bù néng lái
   上课.
   shàngkè.

B: 没 关系. 下 星期 我们 只 上 第 十二 课. 这 课 不
   Méi guānxi. Xià xīngqī wǒmen zhǐ shàng dì shí'èr kè. Zhè kè bù
   难. 你们 坐 火车 去 西安 吗?
   nán. Nǐmen zuò huǒchē qù Xī'ān ma?

A: 不, 坐 飞机. 我们 订 了 飞机 票 了.
   Bù, zuò fēijī. Wǒmen dìng le fēijī piào le.

B: 订 房间 了 吗?
   Dìng fángjiān le ma?

A: 没有. 我 现在 要 去 旅行社 订. 他们 五 点
   Méiyǒu. Wǒ xiànzài yào qù lǚxíngshè dìng. Tāmen wǔ diǎn
   关门. 我 得 走 了.
   guānmén. Wǒ děi zǒu le.

B: 哎哟，下雨了！
Āiyō, xiàyǔ le!

A: 没关系，我有雨伞。
Méi guānxi, wǒ yǒu yǔsǎn.

下雨了！ Xiàyǔ le!

Vokabeln

wǔfàn	午饭	Mittagessen (ZEW: 顿 dùn)	yóuyǒng (VO)	游泳	schwimmen
le	了	Vollendungspartikel oder Modalpartikel	xiàkè (VO')	下课	den Unterricht beenden
			shàngkè (VO)	上课	Unterricht haben/durchführen
hái	还	noch			
méiyǒu/méi	没有 / 没	Negationswort	jié	节	ZEW für Unterrichtsstunde
shítáng	食堂	Mensa			
zāogāo	糟糕	Mist!, Schlimm!, Verflucht!	yìdiǎnr	一点儿	etwas, ein wenig
			chá	茶	Tee
guān	关	(Tür, Fenster usw.) schließen, zumachen	yòng	用	benutzen, gebrauchen
			búyòng	不用	nicht nötig
mén	门	Tür (ZEW: 个 gè, 扇 shàn, 张 zhāng)	mǎshàng	马上	sofort, gleich
			zǒu	走	weggehen; losgehen
guānmén (VO)	关门	(Geschäft usw.) schließen, zumachen	zhǎo	找	suchen; jdn. aufsuchen

第八课 Lektion 8

zài	在	anwesend sein	fēijī piào	飞机票	Flugkarte (ZEW: 张 zhāng)
shìqing	事情	Angelegenheit, Anliegen (ZEW: 件 jiàn)	fángjiān	房间	Zimmer (ZEW: 个 gè, 间 jiān)
xià xīngqī	下星期	nächste Woche	Méiyǒu.	没有.	Nein.
zhǐ	只	nur, lediglich	lǚxíng	旅行	reisen; Reise (ZEW: 次 cì)
dì	第	zur Bildung der Ordinalzahlen	lǚxíngshè	旅行社	Reisebüro (ZEW: 个 gè, 家 jiā)
kè (-ZEW)	课	Lektion			
nán	难	schwierig	yǔ	雨	Regen
fēi	飞	(Vögel, Flugzeug usw.) fliegen	xiàyǔ (VO)	下雨	regnen; es regnet
			sǎn	伞	Schirm (ZEW: 把 bǎ)
fēijī	飞机	Flugzeug (ZEW: 架 jià)	yǔsǎn	雨伞	Regenschirm (ZEW: 把 bǎ)
zuò fēijī	坐飞机	(mit dem Flugzeug) fliegen			
			Xī'ān	西安	Hauptstadt der Provinz 陕西 Shǎanxī im Westen Chinas
dìng	订	bestellen, reservieren			
piào	票	Karte, Fahrkarte, Ticket (ZEW: 张 zhāng)			

8B Mustersätze

1. **Verben, die aus Verb + Objekt bestehen**

   a) Wǒ bù xiǎng chīfàn.   *Ich möchte nicht essen.*

   b) Nǐ qù shítáng chī wǔfàn ma?   *Gehst du in die Mensa Mittag essen?*

   c) Tā zhǐ chī le yìdiǎnr fàn.   *Er hat nur ein wenig gegessen.*

   d) Wǒ xiànzài děi qù shàngkè.   *Ich muß jetzt zum Unterricht gehen.*

e) Nǐmen xiàwǔ shàng shénme kè? *Welchen Unterricht habt ihr am Nachmittag?*
f) Wǒmen jīntiān shàng le dì èr kè. *Wir haben heute die 2. Lektion gemacht.*
g) Wǒ huànqián le, nǐ ne? *Ich habe Geld gewechselt, und du?*
   Yě huàn le, huàn le yì bǎi Mǎkè. *Ich auch. Ich habe 100 Mark gewechselt.*
h) Nǐmen yóuyǒng le ma? *Seid ihr geschwommen?*
   Yóu le. *Ja.*

2. Vollendungspartikel 了 le, Verneinung, kurze Antworten

a) Lǐ Xiānsheng zǒu le. *Herr Lǐ ist (weg)gegangen.*
b) Tāmen dào le ma? *Sind sie angekommen?*

c) Ānlì mǎi liàozi le. *Ānlì hat Stoff gekauft.*
d) Wǒmen zhàoxiàng le. *Wir haben fotografiert.*
e) Ānlì, nǐ shénme shíhou qù mǎi liàozi? *Ānlì, wann gehst du Stoff kaufen?*
   Wǒ mǎi le liàozi le. *Ich habe schon Stoff gekauft.*
f) Nǐmen bú zhàoxiàng ma? *Wollt ihr nicht fotografieren?*
   Wǒmen zhào le xiàng le. *Wir haben schon fotografiert.*

g) Wǒmen kàn le liǎng ge diànyǐng. *Wir haben zwei Filme gesehen.*
h) Tā zhǐ hē le yìdiǎnr chá. *Sie hat nur etwas Tee getrunken.*

i) Wǒ wèn le. Wǒ wèn le Xiǎolóng. *Ich habe gefragt. Ich habe Xiǎolóng gefragt.*

j) Ānlì mǎi le shénme liàozi? *Welchen Stoff hat Ānlì gekauft?*
   Tā mǎi le sīchóu. *Sie hat Seide gekauft.*

k) Māma qù mǎi dōngxi le. *Mama ist einkaufen gegangen.*
l) Nǐ shàngwǔ qù nǎr le? *Wohin bist du am Vormittag gegangen?*
   Wǒ qù dàxué ná le jǐ běn shū. *Ich war an der Uni und habe ein paar Bücher geholt.*

m) Wǒ   hē chá le. *Ich habe Tee getrunken.*
   Wǒ méi (yǒu) hē kāfēi. *Ich habe keinen Kaffee getrunken.*
n) Lìlì   chīfàn le. *Lìlì hat gegessen.*
   Dàwèi hái méi (yǒu) chī. *Dàwèi hat noch nicht gegessen.*
o) Xiǎolóng méi (yǒu) gēn nǐ lái ma? *Ist Xiǎolóng nicht mit Ihnen gekommen?*

第八课 Lektion 8

p) Nǐ dìng fēijī piào le ma?   Haben Sie (die) Flugkarten bestellt?
    Dìng le.   Ja.
q) Yínháng guānmén le ma?   Hat die Bank geschlossen?
    Guān le.   Ja.
r) Nǐ ná le wǒ de yǔsǎn ma?   Hast du meinen Schirm genommen?
    Méiyǒu.   Nein.
s) Nǐmen dìng fángjiān le ma?   Habt ihr Zimmer bestellt?
    Hái méiyǒu.   Noch nicht.

3. **Modalpartikel 了 le**

a) Lìlì hái zài ma? Wǒ zhǎo tā.   Ist Lìlì noch da? Ich suche sie.
    Tā zǒu le.   Sie ist schon gegangen.
b) Nǐ hái méi huànqián ma?   Haben Sie noch nicht Geld gewechselt?
    Huàn le. Wǒ huàn le wǔ bǎi Mǎkè le.   Doch. Ich habe schon 500 Mark gewechselt.
c) Ānlì méi yǒu Rénmínbì le.   Ānlì hat keine Volkswährung mehr.
d) Tā yǒu gōngzuò le.   Nun hat er eine Arbeit (gefunden).
e) Tā bú zài zhèr gōngzuò le.   Sie arbeitet nicht mehr hier.
f) Fēijī piào piányi le.   Flugkarten sind nun billig (geworden).
g) Wǒmen xiànzài shi péngyou le.   Wir sind nun Freunde (geworden).
h) Tā bú shi shòuhuòyuán le.   Sie ist nicht mehr Verkäuferin.
i) Zāogāo, xiàyǔ le.   Mist, es regnet!
j) Diànchē lái le.   Da kommt die Straßenbahn.
k) Nǐ kàn, tā yóuyǒng le.   Schau, sie schwimmt jetzt.
l) A, shí'èr diǎn yí kè le!   Oh, schon Viertel nach zwölf!
m) Tā bú shi sānshí suì. Tā sìshí suì le.   Sie ist nicht 30 Jahre alt. Sie ist schon vierzig.
n) Jīntiān xīngqī sì le. Wǒmen děi dìng fēijī piào le.   Heute ist schon Donnerstag. Wir müssen (jetzt) die Flugkarten bestellen.
o) Duìbuqǐ, wǒ děi qù shàngkè le.   Entschuldige, ich muß jetzt zum Unterricht gehen.
p) Xiǎolóng, wǒ zǒu le.   Xiǎolóng, ich gehe (jetzt).

8C Grammatik

1. Wortbildung: Verb aus Verb + Verb; Verb aus Verb + Objekt (VO-Verb)

a) Verben wie 学习 xuéxí, 谢谢 xièxie usw. bestehen aus zwei Schriftzeichen, von denen jedes ein Verb ist.

> 学习 xuéxí = xué *lernen* + xí *üben* = *lernen*
> 谢谢 xièxie = xiè *danken* + xiè *danken* = *danken*

Die beiden Bestandteile sind stets zusammengefügt und können nicht getrennt gebraucht werden.

b) Bei nicht wenigen Verben ist das erste Schriftzeichen ein Verb und das zweite ein Substantiv, das als Objekt zum verbalen Bestandteil angesehen werden kann.

> 结婚 jiéhūn = jié *verknüpfen* + hūn *Heirat* = *heiraten*
> 见面 jiànmiàn = jiàn *sehen* + miàn *Gesicht* = *sich treffen*
> 吃饭 chīfàn = chī *essen* + fàn *Mahlzeit; gekochter Reis* = *Mahlzeit einnehmen*

Die beiden Bestandteile können durch eine grammatische Partikel z.B. 了 le, die den Aspekt der Vollendung (vgl. C 2.) anzeigt, getrennt werden.

> 我 跟 他 见 了 面 了.　　*Ich habe mich schon mit ihm ge-*
> Wǒ gēn tā jiàn le miàn le.　　*troffen.*

Der verbale Bestandteil bleibt stets gleich, während der des Objekts - mit einigen Ausnahmen - näher bestimmt und somit abgewandelt werden kann. Er kann auch gänzlich durch ein anderes Objekt ersetzt werden. Das Objekt steht getrennt vom verbalen Bestandteil.

	吃饭. chīfàn.		*essen.*
你 得 Nǐ děi	吃 一点儿 饭. chī yìdiǎnr fàn.	*Du mußt*	*etwas essen.*
	吃 午饭. chī wǔfàn.		*Mittag essen.*

第八课 Lektion 8

上课. shàngkè.	Wir haben jetzt Unterricht.
我们 现在 上 什么 课? Wǒmen xiànzài shàng shénme kè?	Was für Unterricht haben wir jetzt?
上 英文. shàng Yīngwén.	Wir haben jetzt Englisch(unterricht).

我 去 照相. 我 要 照 长安 街.
Wǒ qù zhàoxiàng. Wǒ yào zhào Cháng'ān Jiē.

Ich gehe fotografieren. Ich will die Cháng'ān-Straße fotografieren.

Wird das Verb nochmals genannt, wird das bereits bekannte Objekt gern ausgelassen.

他们下课了吗?   *Sind sie fertig mit dem Unterricht?*
Tāmen xiàkè le ma?

下 了.   *Ja.*
Xià le.

Beachten Sie: In der Vokabelliste werden Verben, die aus Verb + Objekt bestehen, z.B. 吃饭 chīfàn *eine Mahlzeit einnehmen* durch (VO) gekennzeichnet. (VO') markiert diejenigen Verben, die nur durch eine grammatische Partikel, nicht aber durch eine nähere Bestimmung, getrennt werden können, z.B. 下 课 xiàkè *den Unterricht beenden*.

2. Vollendungspartikel 了 le im einfachen Satz

a) Im einfachen Satz, d.h. Satz ohne Nebensatz, zeigt die Vollendungspartikel 了 le ein Sein/Geschehen als abgeschlossen an. Hierbei wird im Unterschied zum deutschen Perfekt die Zeitstufe, ob etwas also vollzogen **ist** oder **war**, nicht näher bestimmt. Der Satz

我 问 他 了.
Wǒ wèn tā le.

kann demnach mit *Ich habe ihn gefragt.* oder *Ich hatte ihn gefragt.* übersetzt werden.

b) Beachten Sie: Auch wenn ein Sein/Geschehen abgeschlossen ist, wird in vielen Fällen die Vollendungsform dennoch nicht verwendet, z.B.

– wenn aus dem Kontext bekannt ist, daß ein Sein/Geschehen abgeschlossen ist und man nur die Handlung ausdrücken will, ohne den Aspekt der Vollendung anzusprechen.

昨天 我们 吃 法国 菜, 今天 要 吃 中国 菜.
Zuótiān wǒmen chī Fǎguó cài, jīntiān yào chī Zhōngguó cài.

Gestern haben wir französisch gegessen, heute wollen wir chinesisch essen.

我 问 安丽 了.
Wǒ wèn Ānlì le.

Ich habe Ānlì gefragt.

她 说 什么?
Tā shuō shénme?

Was hat sie gesagt? / Was sagte sie?

– wenn von einem gleichbleibenden Zustand bzw. einer mehrmals oder regelmäßig wiederholten Handlung die Rede ist, selbst wenn dieser Zustand oder diese Handlung abgeschlossen ist.

上 个 月 我 住在 月英 家.
Shàng ge yuè wǒ zhùzài Yuèyīng jiā.
我们 每 天 打 乒乓球.
Wǒmen měi tiān dǎ pīngpāngqiú.

Letzten Monat habe ich bei Yuèyīng gewohnt. Wir haben jeden Tag Tischtennis gespielt. / Letzten Monat wohnte ich bei Yuèyīng. Wir spielten jeden Tag Tischtennis.

了 le wird erst dann gebraucht, wenn sich die Situation verändert hat.

飞机票 去年 很 便宜, 今年 贵 了.
Fēijī piào qùnián hěn piányi, jīnnián guì le.

Flugkarten waren im letzten Jahr sehr billig, dieses Jahr sind sie teuer geworden.

c) Der Gebrauch von 了 le ist nicht die einzige Vollendungsform (vgl. L 9). 了 le verwendet man nur dann, wenn nach dem Prädikat gefragt wird bzw. wenn das Prädikat den Schwerpunkt der Aussage bildet oder mit zum Schwerpunkt gehört.

第八课 Lektion 8

她 昨天 来了 吗?	*Ist sie gestern **gekommen**?*
Tā zuótiān lái le ma?	

来了.	*Ja.* (wörtl.: ***gekommen***)
Lái le.	

Beachten Sie also, daß die Vollendungsform mit 了 le falsch wäre, wenn in den obigen Beispielsätzen nicht nach dem Prädikat, sondern dem Adverbial 昨天 zuótiān *gestern* (Ist sie **gestern** gekommen?) gefragt würde (vgl. L 9).

d) Wortstellung von 了 le
Im Satz ohne Objekt steht 了 le am Satzende.

火车 到 了.	*Der Zug ist angekommen.*
Huǒchē dào le.	

Bei Verben, die aus Verb + Objekt bestehen, sowie im Satz mit einem einfachen Objekt, d.h. einem Objekt, das nicht durch eine Mengenangabe oder ein anderes Attribut näher bestimmt wird, steht 了 le

- am Satzende, wobei man lediglich angibt, daß etwas stattgefunden hat, ohne die Vollendung besonders zu betonen.

我们 见面 了.	*Wir haben uns getroffen.*
Wǒmen jiànmiàn le.	

我 订 房间 了.	*Ich habe ein Zimmer bestellt.*
Wǒ dìng fángjiān le.	

- hinter dem Verb bzw. dem verbalen Bestandteil, wobei 了 le zusätzlich am Satzende stehen muß, da ansonsten erwartet würde, daß ein Nebensatz noch folgt. Hervorgehoben wird die Vollendung.

你 不 买 胶卷 吗?	*Kaufst du keinen Film?*
Nǐ bù mǎi jiāojuǎn ma?	

我 买了 胶卷 了.	*Ich **habe schon** Filme **gekauft**.*
Wǒ mǎi le jiāojuǎn le.	

Bei einem näher bestimmten Objekt steht 了 le meist hinter dem Verb bzw. dem verbalen Bestandteil des Verbs. Das näher bestimmte Objekt ist hier der Schwerpunkt der Auskunft oder zumindest ein Teil davon.

你们 上 了 几 节 课?
Nǐmen shàng le jǐ jié kè?
Wie viele Unterrichtsstunden habt ihr gehabt?

我们 只 上 了 三 节.
Wǒmen zhǐ shàng le sān jié.
*Wir haben nur **drei** gehabt.*

In der Regel steht 了 le auch bei einem einfachen Objekt hinter dem Verb, wenn die Vollendung bereits bekannt ist und das Objekt den Schwerpunkt der Aussage bildet.

我 上午 去 买 东西 了.
Wǒ shàngwu qù mǎi dōngxi le.
Ich bin am Vormittag einkaufen gegangen.

你 买 了 什么?
Nǐ mǎi le shénme?
***Was** hast du gekauft?*

买 了 料子.
Mǎi le liàozi.
*Ich habe **Stoff** gekauft.*

Beachten Sie: Folgt auf das Verb 去 qù bzw. 来 lái ein Objekt oder ein weiteres Verb, steht 了 le in der Regel am Satzende oder hinter dem zweiten Verb.

安丽 去 食堂 了.
Ānlì qù shítáng le.
Ānlì ist in die Mensa gegangen.

大卫 去 游泳 了.
Dàwèi qù yóuyǒng le.
Dàwèi ist schwimmen gegangen.

我 去 银行 换 了 一些 钱.
Wǒ qù yínháng huàn le yìxiē qián.
Ich war auf der Bank und habe etwas Geld gewechselt.

第八课 Lektion 8

e) Zur Verneinung

Zur Angabe, daß etwas nicht geschehen oder vollzogen ist, verwendet man das Negationswort 没有 méiyǒu vor dem Prädikat. 没有 méiyǒu kann zu 没 méi verkürzt werden, wenn es nicht am Satzende steht.

大卫今天没(有)来上课.
Dàwèi jīntiān méi (yǒu) lái shàngkè.

Dàwèi ist heute nicht zum Unterricht gekommen.

王老师还没(有)走.
Wáng Lǎoshī hái méi (yǒu) zǒu.

Lehrerin Wáng ist noch nicht (weg)gegangen.

f) Antwort mit „ja" bzw. „nein"

Bei der Antwort „ja" wiederholt man das Prädikat samt 了 le. Bei Verben, die aus Verb + Objekt bestehen, kann das Objekt entfallen.

你买菜了吗?
Nǐ mǎi cài le ma?

Hast du Lebensmittel eingekauft?

买了.
Mǎi le.

Ja.

食堂关门了吗?
Shítáng guānmén le ma?

Hat die Mensa schon geschlossen? / Ist die Mensa schon zu?

关了.
Guān le.

Ja.

Heißt die Antwort „nein", verwendet man 没有 méiyǒu.

你们昨天游泳了吗?
Nǐmen zuótiān yóuyǒng le ma?

Seid ihr gestern geschwommen?

没有.
Méiyǒu.

Nein.

3. Modalpartikel 了 le

Als Modalpartikel steht 了 le immer am Satzende. Sie bringt die Sicht- oder Empfindungsweise des Sprechers zum Ausdruck und kann die Aussage in folgender Weise modifizieren:

a) Der Sprecher betont, daß etwas – oft entgegen der Erwartung des Gesprächspartners – bereits stattgefunden hat.

我们还得买胶卷. Wǒmen hái děi mǎi jiāojuǎn.	Wir müssen noch Filme kaufen.
不用, 我买了十卷胶卷了. Búyòng, wǒ mǎi le shí juǎn jiāojuǎn le.	Nicht nötig, ich habe schon 10 Filme gekauft.

b) Der Sprecher stellt die Veränderung einer Sachlage heraus. Dies kann man im Deutschen oft mit „nun" oder „jetzt", in einem verneinten Satz mit „nicht mehr" zum Ausdruck bringen.

我知道了. Wǒ zhīdao le.	Nun weiß ich es.
她是老师了. Tā shi lǎoshī le.	Sie ist nun Lehrerin (geworden).
东西贵了. Dōngxi guì le.	Die Sachen sind teuer geworden.
他不学经济了. Tā bù xué jīngjì le.	Er studiert nicht mehr Wirtschaft.

c) Der Sprecher bemerkt - zumindest seiner Wahrnehmung nach und manchmal überrascht - eine neu eingetretene Situation.

哎哟, 下雨了! Āiyō, xiàyǔ le!	Oje, es regnet!
老师来了. Lǎoshī lái le.	Der Lehrer kommt. / Da kommt der Lehrer.

d) Der Sprecher betont oder ist überrascht über die vorangeschrittene Entwicklung der Dinge. 了 le kann hier mit *schon* wiedergegeben werden.

现在十二点了. Xiànzài shí'èr diǎn le.	Es ist schon 12 Uhr.
你女儿十岁了啊?! Nǐ nǚ'ér shí suì le a?!	Was, Ihre Tochter ist schon 10 Jahre alt?!

第八课 Lektion 8

e) Der Sprecher bringt zum Ausdruck, daß es (nun) Zeit ist, die von ihm angesprochene Handlung durchzuführen. Dies kann im Deutschen mit „nun" oder „jetzt" verdeutlicht werden.

| 八点半了。我得去上课了。 | Es ist schon halb neun. Ich muß |
| Bā diǎn bàn le. Wǒ děi qù shàngkè le. | (jetzt) zum Unterricht gehen. |

我走了。 Ich gehe nun.
Wǒ zǒu le.

我们吃饭了！ Wir essen (jetzt)!
Wǒmen chīfàn le!

f) Steht 了 le am Satzende, ist nicht immer auseinanderzuhalten, ob es sich um die Vollendungspartikel oder Modalpartikel 了 le handelt. Je nach Kontext kann z.B. der Satz heißen:

李老师来了。　　　Lehrerin Lǐ ist gekommen.
Lǐ Lǎoshī lái le.　　Lehrerin Lǐ ist schon gekommen.
　　　　　　　　　Lehrerin Lǐ kommt. / Da kommt
　　　　　　　　　Lehrerin Lǐ.

4. Bildung der Ordinalzahlen

Ordinalzahlen werden mit 第 dì + Grundzahl gebildet.

| 第一，第二，第三 ... | 1., 2., 3. ... |
| dì yī, dì èr, dì sān ... | |

Außer bei Substantiven, die ohne Zähleinheitswort gebraucht werden, muß zwischen der Ordinalzahl und dem Substantiv ein Zähleinheitswort stehen. Beachten Sie, daß das Zahlwort 2 als Ordinalzahl immer 二 èr gelesen wird.

第二条街　　　die 2. Straße
dì èr tiáo jiē

第八课　　　die 8. Lektion
dì bā kè

8D Übungen

1. *Sehen Sie in den Vokabellisten nach und nennen Sie 10 Verben, die aus Verb + Objekt bestehen.*

2. *Übersetzen Sie:*
   a) Ich gehe essen.
      Ich gehe Mittag essen.
   b) Ānlì will fotografieren.
      Ānlì will die Bibliothek fotografieren.
   c) Ich möchte Geld umtauschen.
      Ich möchte Deutsche Mark umtauschen.
   d) Gestern hat es geregnet.
      Gestern hat es ein wenig geregnet.
   e) Ich muß jetzt zum Unterricht gehen.
      Gestern haben wir Lektion 2 (im Unterricht) durchgenommen.
   f) Die Mensa hat schon zu, die Bibliothek auch.
   g) Lehrerin Lǐ ist mit dem Unterricht fertig, Lehrer Liú auch.
   h) Seid ihr geschwommen?
      Ja.

3. *Fragen Sie Lehrerin Wáng,*

   Beispiel: ob ihr jüngerer Bruder gekommen ist.

           Nǐ dìdi lái le ma?

   a) ob ihre Studenten (weg)gegangen sind.
   b) ob Ānlì sie gestern aufgesucht hat.
   c) ob die Bank schon geschlossen ist.
   d) ob sie Lebensmittel eingekauft hat.
   e) ob ihr Mann arbeiten gegangen ist.

4. *Lehrerin Wáng bejaht die Fragen aus Übung 3. Formulieren Sie ihre Antworten einmal in vollständigen Sätzen, einmal nur mit „ja".*

第八课 Lektion 8

5. *Sagen Sie unter Verwendung der vorgegebenen Wörter, daß die folgenden Handlungen nicht stattgefunden haben:*

   Beispiel: wǒ, yóuyǒng, shàngwǔ

   Wǒ shàngwǔ méiyǒu/méi yóuyǒng.

   a) tā, wèn, tā àiren

   b) wǒmen, chīfàn, hái

   c) Dàwèi, dìng fángjiān, hái

   d) wǒ, ná nǐ de dìtú

   e) Xiǎolóng, qù kàn diànyǐng, gēn tā bàba māma

6. *Antworten Sie mit „nein" auf die Fragen:*

   a) Nǐ dìng fēijī piào le ma?

   b) Nǐ hē chá le ma?

   c) Nǐmen zuótiān shàng le dì wǔ kè ma?

   d) Tā qù lǚxíngshè le ma?

   e) Wǒ péngyou lái zhǎo nǐ le ma?

7. *Übersetzen Sie:*

   a) Welche (Was für) Zimmer haben Sie bestellt?

   b) Wie viele Flugkarten hast du bestellt?

   c) Wir haben heute nur eine Unterrichtsstunde gehabt.

   d) Sie hat etwas Kaffee getrunken.

   e) Wer hat deine Geige gekauft?

   f) Vormittags bin ich zur Uni gegangen/war ich an der Uni und habe ein paar Freunde besucht.

   g) Was hast du im Reisebüro bestellt?

   Ich habe Flugkarten und Zimmer bestellt.

8. *Beantworten Sie die Fragen und betonen Sie dabei, daß die angesprochene Handlung bereits stattgefunden hat:*

   Beispiel: Nǐ gēn tāmen xīngqī jǐ jiànmiàn?

   (betont: schon getroffen)

   Wǒmen jiàn le miàn le.

   a) Nǐ mèimei hái méi zǒu ma?   (betont: schon gegangen)

   b) Nǐ méi kàn dìtú ma?   (betont: schon angeschaut)

   c) Nǐ zhǐ fānyì le yí kè ma?   (betont: schon drei Lektionen übersetzt)

9. *Drücken Sie die Veränderung der Sachlage mit Hilfe der Modalpartikel* 了 le *aus:*
   Beispiel: (vorher): Wir hatten kein Auto. (jetzt): Wǒmen yǒu qìchē le.
   a) Sie wohnte bei uns zu Hause.
   b) Herr Qiū hatte Arbeit.
   c) Er wußte es nicht.
   d) Er war mein Freund.
   e) Filme waren nicht teuer.
   f) Sie waren nicht sehr beschäftigt.
   g) Wir hatten Zimmer (frei).
   h) Wir durften nicht fotografieren.

10. *Drücken Sie mit Hilfe der Modalpartikel* 了 le *aus, was Sie gerade bemerkt haben:*
    a) Es regnet.
    b) Der Bus kommt.
    c) Sie sind im Unterricht.

11. *Übersetzen Sie. Drücken Sie ,,schon" mit* 了 le *aus:*
    a) Mein Sohn ist schon 22 Jahre alt.
    b) Oh, es ist schon Viertel vor sieben. Mist, die Geschäfte haben geschlossen.
    c) Heute ist schon Freitag.
    d) Was, du hast schon 200 Schriftzeichen gelernt?!

12. *Teilen Sie mit Hilfe der Modalpartikel* 了 le *mit, daß es nun Zeit ist, die folgenden Handlungen auszuführen:*
    Beispiel: wir, Flugkarten bestellen, müssen: Wǒmen děi dìng fēijī piào le.
    a) ich, (weg)gehen
    b) wir, Lektion 5 durchnehmen, müssen
    c) ich, Xiǎolóng abholen gehen
    d) du, zum Bahnsteig gehen, müssen

第九课 Lektion 9

第九课 *Lektion 9*
Dì jiǔ kè

9A Text

1. Lehrerin Wáng (A) will ihrem Bruder Sōngqīng heute das Palast-Museum in Běijīng zeigen. Sie weckt ihren Sohn Xiǎolóng (B).

   A: 小龙，起床！我们吃早饭了。
   Xiǎolóng, qǐchuáng! Wǒmen chī zǎofàn le.

   B: 我还要睡觉。
   Wǒ hái yào shuìjiào.

   A: 不行．我们要陪你舅舅去故宫．不要睡了！
   Bù xíng. Wǒmen yào péi nǐ jiùjiu qù Gùgōng. Búyào shuì le!

   B: 好，好，我起来．
   Hǎo, hǎo, wǒ qǐlái.

2. Beim Frühstück

A = Sōngqīng
B = Xiǎolóng
C = Lehrerin Wáng

A: 早，小龙!
Zǎo, Xiǎolóng!

B: 舅舅早！我还想睡觉.
Jiùjiu zǎo! Wǒ hái xiǎng shuìjiào.

A: 我也还想睡. 我昨天夜里一点才回来的.
Wǒ yě hái xiǎng shuì. Wǒ zuótiān yèli yī diǎn cái huílái de.

B: 真的?! 你怎么回来的?
Zhēn de?! Nǐ zěnme huílái de?

A: 坐出租汽车回来的.
Zuò chūzū qìchē huílái de.

C: 你们别只聊天！吃饭了！我们马上得走了.
Nǐmen bié zhǐ liáotiān! Chīfàn le! Wǒmen mǎshàng dei zǒu le.

3. Shǐ Dàwèi (A), der heute auch das Palast-Museum besichtigt, sieht Lehrerin Wáng (B) unter den Besuchern:

A: 王老师!
Wáng Lǎoshī!

B: 啊, 大卫, 你好!
A, Dàwèi, nǐ hǎo!

A: 你好! 你一个人吗?
Nǐ hǎo! Nǐ yí ge rén ma?

第九课 Lektion 9

B: 我 不 是 一 个 人 来 的. 我 弟弟 和 小龙 也 来了.
Wǒ bú shi yí ge rén lái de. Wǒ dìdi hé Xiǎolóng yě lái le.
你 看, 他们 在 那儿 照相.
Nǐ kàn, tāmen zài nàr zhàoxiàng.

A: 啊, 小龙 也 会 照相!
A, Xiǎolóng yě huì zhàoxiàng!

B: 是 他 舅舅 教 他 的. 对 了, 你 和 你 朋友 哪 天
Shì tā jiùjiu jiāo tā de. Duì le, nǐ hé nǐ péngyou nǎ tiān
去 西安?
qù Xī'ān?

A: 后天 去.
Hòutiān qù.

B: 我们 明年 也 想 去 西安. 你 是 在 旅行社
Wǒmen míngnián yě xiǎng qù Xī'ān. Nǐ shi zài lǚxíngshè
订 飞机 票 的 吗?
dìng fēijī piào de ma?

A: 不 是, 是 在 中国 东方 航空 公司 订 的.
Bú shi, shi zài Zhōngguó Dōngfāng Hángkōng Gōngsī dìng de.

B: 你们 几 号 回来?
Nǐmen jǐ hào huílai?

饺子　jiǎozi

A: 十 月 二 号. 哎哟, 人 真 多!
Shí yuè èr hào. Āiyo, rén zhēn duō!

B: 可 不 是! 你 吃 午饭 了 吗?
Kě bú shi! Nǐ chī wǔfàn le ma?

A: 还 没有.
　　Hái méiyǒu.

B: 我们 要 去 吃 饺子. 你 跟 我们 一起 去 吧!
　　Wǒmen yào qù chī jiǎozi. Nǐ gēn wǒmen yìqǐ qù ba!

A: 好. 现在 十一 点 半. 我们 十二 点 一 刻 在 这儿
　　Hǎo. Xiànzài shíyī diǎn bàn. Wǒmen shí'èr diǎn yí kè zài zhèr
　　见面, 好 吗?
　　jiànmiàn, hǎo ma?

B: 好. 说定 了.
　　Hǎo. Shuōdìng le.

Vokabeln

chuáng	床	*Bett* (ZEW: 张 zhāng)
qǐchuáng (VO')	起床	*aufstehen (vom Bett)*
zǎo	早	*früh*
zǎofàn	早饭	*Frühstück* (ZEW: 顿 dùn)
shuìjiào (VO)	睡觉	*schlafen*
xíng	行	*das geht, das läßt sich machen*
jiùjiu	舅舅	*Onkel* (Bruder der Mutter)
búyào	不要	(Imperativ) *nicht*
qǐlai	起来	*aufstehen*
zǎo!	早!	*guten Morgen!*
yèli	夜里	*in der Nacht, nachts*
huílái	回来	*zurückkommen*
(shì) ... de	(是) ... 的	vgl. C 2.
zhēn de?	真的?	*wirklich?, ist das wahr?*
zěnme?	怎么	(Fragewort) *wie, in welcher Art und Weise*
zū	租	*mieten*
chūzū	出租	*vermieten*
chūzū qìchē	出租汽车	*Taxi* (ZEW: 辆 liàng)
bié	别	(Imperativ) *nicht*
liáotiān (VO)	聊天	*sich unterhalten, plaudern*
nàr	那儿	*dort*
huì	会	(erlernte Fähigkeit) *können*
duì le	对了	*übrigens, apropos*

第九课 Lektion 9

tiān (-ZEW)	天	Tag
nǎ tiān	哪天	welcher Tag
hòutiān	后天	übermorgen
nián (-ZEW)	年	Jahr
míngnián	明年	nächstes Jahr
dōngfāng	东方	Osten
gōngsī	公司	Firma (ZEW: 个 gè, 家 jiā)
hángkōng gōngsī	航空公司	Fluggesellschaft
jǐ hào	几号	der wievielte (des Monats)
shí yuè	十月	Oktober
èr hào	二号	der 2. (des Monats)
kě bú shi	可不是	(zustimmend) so ist das, in der Tat
jiǎozi	饺子	chinesische Maultasche
ba	吧	zum Ausdruck einer freundlichen Aufforderung
shuō	说	sagen, sprechen
shuōdìng le	说定了	abgemacht
Gùgōng	故宫	Palast-Museum in Běijīng (der unter dem Namen „Verbotene Stadt" bekannte Kaiserpalast)
Zhōngguó Dōngfāng Hángkōng Gōngsī	中国东方航空公司	China Eastern Airlines (Eigenname)

9B Mustersätze

1. **Aufforderungssatz**

   a) Qǐng zuò! — *Setzen Sie sich/Setzt euch/Setze dich bitte!*

   b) Lái chīfàn! — *Kommen Sie/Kommt/Komme zum Essen!*

   c) Nǐ kàn, tā lái le. — *Schaue, da kommt sie!*

   d) Búyào/Bié guān mén! — *Machen Sie/Macht/Mache die Tür nicht zu!*

   e) Nǐmen búyào/bié qù zhǎo tā le! — *Sucht ihn nicht mehr auf! / Geht nicht mehr zu ihm!*

   f) Wǒmen zǒu ba! — *Laßt uns gehen, ja?*

   g) Búyào/Bié wèn le ba, wǒmen kàn dìtú. — *Frage (lieber) nicht mehr! Wir schauen uns die Karte an.*

2. (是 shì) ... 的 de-Konstruktion

a) Tā huílai le. Tā (shi) yèli huílai de.   *Er ist zurückgekommen. Er ist in der Nacht zurückgekommen.*

b) Wǒmen (shi) zài Yīngguó rènshi de.   *Wir haben uns in England kennengelernt.*

c) Xiǎolóng qù kàn diànyǐng le.   *Xiǎolóng ist ins Kino gegangen.*
Tā bù kěyǐ yí ge rén qù kàn diànyǐng a!   *Er darf doch nicht alleine ins Kino gehen!*
Tā bú shi yí ge rén qù de.   *Er ist nicht alleine gegangen.*
(Shì) gēn shéi qù de?   *Mit wem ist er gegangen?*
(Shì) gēn Jùnchāng qù de.   *Er ist mit Jùnchāng gegangen.*
Tāmen zěnme qù de?   *Wie sind sie dahin gegangen?*
(Shì) qí zìxíngchē qù de.   *Sie sind mit dem Fahrrad gefahren.*

d) Wǒ méi shuō.   *Ich habe es nicht gesagt.*
(Shì) shéi shuō de?   *Wer hat es gesagt?*

e) Nǐ (shi) zuò huǒchē lái de ma?   *Sind Sie mit dem Zug gekommen?*
Shì de. / Duì.   *Ja.*

f) Nǐmen (shi) zài Lìlì jiā chīfàn de ma?   *Habt ihr bei Lìlì zu Hause gegessen?*
Bú shi.   *Nein.*

g) Tā (shi) yí ge rén fānyì zhè běn shū de ma?   *Hat er alleine dieses Buch übersetzt?*
Bú shi, shì gēn tā àiren yìqǐ fānyì de.   *Nein, er hat es mit seiner Frau zusammen übersetzt.*

3. **Datum**

a) yī jiǔ jiǔ sān nián èr yuè èr hào   *der 2.2.1993*

b) Nǐmen nǎ nián jiéhūn de?   *In welchem Jahr / Wann habt ihr geheiratet?*
Wǒmen yī jiǔ qī líng nián jié de.   *Wir haben 1970 geheiratet.*

c) Nǐ jǐ yuè/nǎ yuè huílai?   *In welchem Monat kommst du zurück?*
Shíyī Yuè.   *Im November.*

d) Hòutiān jǐ hào?   *Der wievielte ist übermorgen?*
Sānshí hào.   *Der 30.*

第九课 Lektion 9

    e) Nǎ tiān hái yǒu fēijī?   *An welchem Tag gibt es noch ein Flugzeug?*
       Xià xīngqī èr, shi wǔ yuè sān hào.   *Nächsten Dienstag. Das ist der 3. Mai.*

4. 会 huì

    a) Wǒ huì Yīngwén, yě huì yìdiǎnr Fǎwén.   *Ich kann Englisch und auch ein wenig Französisch.*
    b) Tā bú huì Hànyǔ, zhǐ huì shuō: „Nǐ hǎo!"   *Er kann nicht Chinesisch; er kann nur sagen: „Guten Tag!"*
    c) Shéi huì lā xiǎotíqín?   *Wer kann Geige spielen?*
       Dàwèi huì, tā hěn huì lā.   *Dàwèi kann (Geige spielen), er kann es sehr gut.*
    d) Zhè ge háizi hái bú huì yóuyǒng.   *Das Kind kann noch nicht schwimmen.*

5. Angabe des Zeitpunktes vor Ortsangabe

    a) Wǒmen xīngqī sān xiàwǔ liǎng diǎn bàn zài túshūguǎn jiànmiàn, zěnmeyàng?   *Wir treffen uns am Mittwoch nachmittag um halb drei in der Bibliothek, okay?*
       Hǎo, shuōdìng le.   *Gut. Abgemacht.*
    b) Nǐmen shi nǎ nián rènshi de?   *In welchem Jahr habt ihr euch kennengelernt?*
       Wǒmen shi yī jiǔ bā èr nián zài Xī'ān rènshi de.   *Wir haben uns 1982 in Xī'ān kennengelernt.*
    c) Tā xiànzài zài nǎ jiā gōngsī gōngzuò?   *Bei welcher Firma arbeitet sie jetzt?*

6. 怎么 zěnme

    a) Nǐmen zěnme qù Xī'ān?   *Wie kommt ihr nach Xī'ān?*
       Wǒmen zuò fēijī qù.   *Wir fliegen.*
    b) Nǐ zěnme huílai de?   *Wie sind Sie zurückgekommen?*
       Wǒ zuò chūzū qìchē huílai de.   *Ich bin mit dem Taxi zurückgekommen.*
    c) Nǐmen zěnme xué Zhōngwén?   *Wie lernt ihr Chinesisch?*
    d) Tā zěnme wèn nǐ de?   *Wie hat sie dich gefragt?*

9C Grammatik

1. Aufforderungssatz

a) Ein Aufforderungssatz – außer in der verneinten Form und beim Adjektivprädikat – unterscheidet sich nur insofern vom Aussagesatz, als das Subjekt bzw. die angeredete Person ausgelassen werden kann.

去 睡觉! Gehen Sie/Gehe/Geht schlafen!
Qù shuìjiào!

Bezieht sich der Sprecher mit in die auszuführende Handlung ein, kann das Subjekt 我们 wǒmen *wir* auch ungenannt bleiben.

走! Gehen wir!
Zǒu!

Das Subjekt kann auch genannt werden.

你 问 他! Fragen Sie / Frage ihn!
Nǐ wèn tā!

你们 跟 我 来! Kommt mit (mir)! / Folgt mir!
Nǐmen gēn wǒ lái!

我们 坐 电车! Fahren wir mit der Straßenbahn!
Wǒmen zuò diànchē!

b) Eine Aufforderung kann mit 吧 ba am Satzende höflicher oder freundlicher formuliert werden. Die Aufforderung wird dann eher als ein Vorschlag verstanden.

起来 吧! Stehe auf, ja?
Qǐlai ba!

你 跟 我们 吃饭 吧! Essen Sie doch mit uns!
Nǐ gēn wǒmen chīfàn ba!

c) Eine Aufforderung an jemanden, etwas nicht zu tun, formuliert man mit 不要 búyào oder 别 bié.

第九课 Lektion 9

不要 去!   *Gehe nicht hin!*
Búyào qù!

你 别 问 了!   *Fragen Sie nicht mehr!*
Nǐ bié wèn le!

2. Die (是 shì) ... 的 de-Konstruktion

a) Ist ein Sein/Geschehen vollzogen, wird nicht die Vollendungspartikel 了 le, sondern die (是 shì) ... 的 de-Konstruktion verwendet, wenn nicht das Prädikat, sondern ein anderes Satzglied, z.B. das Adverbial oder das Subjekt, den Schwerpunkt des Satzes bildet.

Beachten Sie also:

– 了 le gebraucht man, wenn man angibt bzw. fragt, ob etwas **vollendet** ist.

– Bei der (是 shì) ... 的 de-Konstruktion geht es darum, etwas Näheres über das vollendete Sein/Geschehen mitzuteilen bzw. zu erfahren, z.B. **wann, wie** oder **wo** etwas stattgefunden hat oder **wer** etwas getan hat. Hierbei kann man vor dem hervorgehobenen Satzglied 是 shì hinzufügen, um dieses noch stärker zu betonen. 的 de steht am Satzende.

Achten Sie im folgenden Dialog auf die unterschiedliche Schwerpunktsetzung bei 了 le bzw. bei der (是 shì) ... 的 de-Konstruktion.

le: A stellt fest, daß B **gekommen ist**.

A: 啊, 你 来了!   *Ach, du bist schon **gekommen/da**.*
A, Nǐ lái le!

(shi) ... de: A fragt dazu näher, ob **Herr Lǐ** B abgeholt habe.

A: (是) 李 先生 去 接 你   *Hat **Herr Lǐ** dich abgeholt?*
(Shì) Lǐ Xiānsheng qù jiē nǐ
的 吗?
de ma?

B: 是 的.   *Ja.*
Shì de.

(shi) ... de: A fragt, **wann** B angekommen sei.

A: 你 (是) 几点 到 的? Wann bist du angekommen?
   Nǐ (shi) jǐ diǎn dào de?

B: 我 (是) 兩点 到 的. Ich bin **um 2 Uhr** angekommen.
   Wǒ (shi) liǎng diǎn dào de.

le: A fragt nun, ob B zu Mittag **gegessen habe**.

A: 你 吃 午饭 了 吗? Hast du zu Mittag **gegessen**?
   Nǐ chī wǔfàn le ma?

B: 吃 了. Ja. (wörtl.: **gegessen**.)
   Chī le.

(shi) ... de: A fragt dazu näher, **wo** B gegessen habe.

A: 你 (是) 在 哪儿 吃 的? **Wo** hast du gegessen?
   Nǐ (shi) zài nǎr chī de?

B: 我 (是) 在 火车站 吃 的. Ich habe **am Bahnhof** gegessen.
   Wǒ (shi) zài huǒchēzhàn chī de.

b) In verneinten Sätzen steht 不是 bú shi vor dem hervorgehobenen Satzglied.

我 不是 坐 出租 汽车 来 的. Ich bin nicht mit dem Taxi gekommen.
Wǒ bú shi zuò chūzū qìchē lái de.

啊, 你 买 了 一 把 雨伞! Ach, du hast einen Regenschirm gekauft.
A, nǐ mǎi le yì bǎ yǔsǎn!

不是 我 买 的, 是 爸爸 买 的. Nicht ich, sondern Vater hat ihn gekauft.
Bú shi wǒ mǎi de, shì bàba mǎi de.

第九课 Lektion 9

Die Antwort *ja* heißt 是的 shì de oder 对 duì, *nein* 不是 bú shi. 不是 bú shi kann zu 不 bù verkürzt werden, wenn man die zutreffende Auskunft folgen läßt. Vor dieser Auskunft wird 是 shi in der Regel verwendet.

你们 (是) 在 北京 结婚 的 吗?   *Habt ihr in Běijīng geheiratet?*
Nǐmen (shi) zài Běijīng jiéhūn de ma?

      不 是,
不 是. / Bú shi, 是 在 上海 结的. *Nein. / Nein, wir haben in Shàng-*
Bú shi. / 不,   shì zài Shànghǎi jié de. *hǎi geheiratet.*
      Bù,

3. Datum: Jahr, Monat, Tag

a) Bei der Jahreszahl steht 年 nián *Jahr* hinter den Zahlen. Die Zahlen liest man Ziffer für Ziffer.

   1890 年: 一 八 九 〇 年   *(das Jahr) 1890*
   1890 nián: yì bā jiǔ líng nián

年 nián wird ohne Zähleinheitswort gebraucht. 哪年 nǎ nián bedeutet *welches Jahr*, während 几年 jǐ nián oder 多少年 duōshao nián *wie viele Jahre* heißt.

b) Die Bezeichnung für Monatsnamen besteht aus den Zahlen von 1 bis 12 und 月 yuè *Monat*.

> Zahl + 月 yuè

一月， 二月， 三月 ... *Januar, Februar, März ...*
yī yuè， èr yuè， sān yuè ...

Nach dem Monat wird mit 几月 jǐ yuè oder 哪月 nǎ yuè gefragt. Wenn man Monate zählt, muß das Zähleinheitswort 个 gè verwendet werden.

几 月? / 哪 月? *welcher Monat?*
jǐ yuè? / nǎ yuè?

二 月 *Februar*
èr yuè

几 个 月? *wie viele Monate?*
jǐ ge yuè?

兩 个 月? *2 Monate*
liǎng ge yuè

c) Mit den Zahlen von 1 bis 30 bzw. 31 und 号 hào *Nummer* benennt man den Tag des Monats.

> Zahl + 号 hào

一号， 二号， 三号 ... *der 1., der 2., der 3. (des Monats)*
yī hào， èr hào， sān hào ...

Nach dem Tag des Monats wird mit 几号 jǐ hào gefragt.

d) Beachten Sie bei der Angabe des Datums die Reihenfolge: Jahr - Monat - Tag.

一九九二年十二月二十号 *der 20.12.1992*
yī jiǔ jiǔ èr nián shí'èr yuè èrshí hào

4. Das Verb und Modalverb 会 huì

In der Bedeutung von *können* wird 会 huì gebraucht, wenn man eine Fähigkeit, die man erlernt hat, bezeichnet, z.B. die Beherrschung einer Sprache, schwimmen, Geige spielen usw. 会 huì wird sowohl als Vollverb als auch als Modalverb verwendet.

你 会 日文 吗? Nǐ huì Rìwén ma?	*Können Sie Japanisch?*
我 不会, 她 会. Wǒ bú huì, tā huì.	*Ich kann es nicht, sie kann es.*
小龙 很 会 打 乒乓球. Xiǎolóng hěn huì dǎ pīngpāngqiú.	*Xiǎolóng kann sehr gut Tischtennis spielen.*

5. Wortstellung: Angabe des Zeitpunkts vor Ortsangabe

Als Adverbial steht die Angabe des Zeitpunkts vor der Ortsangabe.

我们 七点 在 大学 见面, 怎么样? Wǒmen qī diǎn zài dàxué jiànmiàn, zěnmeyàng?	*Wie wäre es, wenn wir uns um 7 Uhr an der Uni treffen?*
你 爱人 现在 在 哪家 公司 工作? Nǐ àiren xiànzài zài nǎ jiā gōngsī gōngzuò?	*Bei welcher Firma arbeitet Ihr Mann jetzt?*

9D Übungen

1. *Fordern Sie Xiǎolóng auf, etwas zu tun bzw. nicht zu tun. Lassen Sie das Subjekt im Satz aus:*

   Beispiel: Er soll schlafen gehen.
   　　　　　Qù shuìjiào!
   　　　　　Er soll heute nicht Tischtennis spielen.
   　　　　　Jīntiān bié/búyào dǎ pīngpāngqiú!

a) Er soll den Regenschirm holen.   b) Er soll seinen Vater fragen.   c) Er soll nicht alleine schwimmen gehen.   d) Er soll nicht mehr schlafen.   e) Er soll sofort zurückkommen.   f) Er soll nun aufstehen.   g) Er soll die Tür nicht zumachen.

2. *Übersetzen Sie die Aufforderungssätze. Lassen Sie das Subjekt im Satz stehen:*

   a) Schau, es regnet!   b) Unterhaltet euch nicht mehr!   c) Trinken wir zuerst etwas Kaffee!   d) Kaufen Sie nicht diesen Wagen!   e) Folgt mir!   f) Fahren wir mit dem Taxi!

3. *Antworten Sie auf die Fragen, indem Sie jeweils einen Vorschlag mit Hilfe von* 吧 *ba machen:*

   Beispiel: Wŏmen jĭ diăn zŏu?
   　　　　　　(jetzt): Wŏmen xiànzài zŏu ba!

   a) Wŏmen chī shénme? (jiăozi)   b) Wŏmen zĕnme qù? (mit dem Fahrrad)   c) Wŏmen zuò shénme? (zum Palast-Museum gehen)   d) Wŏmen zài năr jiànmiàn? (dort)

4. *Geben Sie Ihr Geburtsdatum an.*

5. *Übersetzen Sie:*

   a) Wann fahrt ihr nach China?
   　 Im nächsten Jahr.
   　 In welchem Jahr?
   　 Im nächsten Jahr.
   　 Und in welchem Monat?
   　 Im August.

   b) Den wievielten haben wir heute?
   　 Heute ist schon der 28.

   c) Die Banken sind am 10.10. geschlossen.

6. *Folgende Handlungen sind bereits vollzogen. Sie wollen etwas Näheres darüber erfahren:*

   Beispiel: Jiùjiu qĭlai le.
   　　　　　　(um wieviel Uhr?): Tā (shi) jĭ diăn qĭlai de?

   a) Wŏ măi dìtú le. (wo?)   b) Jiĕjie huílai le. (erst in der Nacht?)   c) Ānlì qù Yŏuyì Shāngdiàn le. (mit dem Taxi?)   d) Tāmen qù Gùgōng le. (wie dahin?)   e) Wŏ jiéhūn le. (welches Jahr?)   f) Wŏ chī le wŭfàn le. (in der Firma?)   g) Dìdi qù kàn

第九课 Lektion 9

diànyǐng le. (alleine?)   h) Tāmen dào Rìběn le. (an welchem Tag?)   i) Lìlì qù yóuyǒng le. (mit Ānlì?).

7. *Übersetzen Sie:*
   a) Ich bin gestern erst um 12 Uhr schlafen gegangen.
   b) Ach, Sie können Chinesisch! Wo haben Sie es gelernt?
   c) Ich bin verheiratet. Mein Mann und ich haben uns 1968 in Frankfurt kennengelernt. Wir haben 1970 in London geheiratet.
   d) Ich bin nicht mit dem Flugzeug gekommen.
   e) Nicht Ānlì, sondern Dàwèi hat mich abgeholt.
   f) Heute ist schon der 28. Wir müssen (nun) die Flugkarten bestellen.
   Wir haben sie schon bestellt.
   Hast du sie bestellt?
   Nein, Zhìmíng hat sie bestellt.
   g) Ānlì, iß doch mit uns!
   Ich habe schon gegessen.
   Hast du in der Mensa gegessen?
   Ja. Ich habe mit Dàwèi zusammen gegessen.
   Was habt ihr gegessen?
   Jiǎozi.

8. *Geben Sie an, was Sie können/beherrschen bzw. was Sie nicht können/beherrschen:*
   a) schwimmen   b) Japanisch   c) Geige spielen   d) Englisch sprechen   e) Tischtennis spielen   f) fotografieren.

9. *Füllen Sie die Lücken mit passenden Ausdrücken aus:*
   a) Nǐ de Zhōngwén zhēn hǎo!
      ... .
   b) Wǒ qī diǎn lái jiē nǐ.
      Hǎo, ...
   c) Āiyō, wǔ diǎn le! ..., yínháng guānmén le!

西安　Xī'ān
西安是一个很古老的城市。
Xī'ān shi yì ge hěn gǔlǎo de chéngshì.

第十课 *Lektion 10*
Dì shí kè

10A Text

大卫 和 他 的 朋友 约翰 这 个 星期 在 西安 游览.
Dàwèi hé tā de péngyou Yuēhàn zhè ge xīngqī zài Xī'ān yóulǎn.
他们 是 坐 飞机 来 的. 约翰 是 美国人, 现在 住在
Tāmen shi zuò fēijī lái de. Yuēhàn shi Měiguórén, xiànzài zhùzài
北京. 他 在 那儿 的 一 家 美国 公司 工作.
Běijīng. Tā zài nàr de yì jiā Měiguó gōngsī gōngzuò.

西安 有 几 家 大 旅馆, 例如 金花 饭店, 钟楼 饭店.
Xī'ān yǒu jǐ jiā dà lǚguǎn, lìrú Jīnhuā Fàndiàn, Zhōnglóu Fàndiàn.
大卫 和 约翰 住在 一家 小 旅馆. 他们 在 那儿 订了
Dàwèi hé Yuēhàn zhùzài yì jiā xiǎo lǚguǎn. Tāmen zài nàr dìng le

第十课 Lektion 10

两 间 房 间. 大卫的 房间 在 一 楼, 一 零 六 号.
liǎng jiān fángjiān. Dàwèi de fángjiān zài yī lóu, yī líng liù hào.
约翰的在 二 楼. 房间 很 干净, 有厕所, 淋浴, 一 天
Yuēhàn de zài èr lóu. Fángjiān hěn gānjìng, yǒu cèsuǒ, línyù, yì tiān
四十 块.
sìshí Kuài.

百闻不如一见!
Bǎi wén bùrú yí jiàn!

西安是 一 个 很 古老 的 大 城市. 大卫 和 约翰 游览
Xī'ān shi yí ge hěn gǔlǎo de dà chéngshì. Dàwèi hé Yuēhàn yóulǎn
了 很 多 历史古迹. 他们 也 参观 了 有名 的 秦俑
le hěn duō lìshǐ gǔjī. Tāmen yě cānguān le yǒumíng de Qínyǒng
博物馆. 你们 知道 秦俑 有 多少 年 的 历史 吗? 有
Bówùguǎn. Nǐmen zhīdao Qínyǒng yǒu duōshao nián de lìshǐ ma? Yǒu
两 千 多 年 的 历史!
liǎng qiān duō nián de lìshǐ!

约翰 觉得 熊猫 很 有意思.
Yuēhàn juéde xióngmāo hěn yǒu yìsi.
昨天 他 一 个 人 去 西安
Zuótiān tā yí ge rén qù Xī'ān
 动物园 看 熊猫. 他 在
Dòngwùyuán kàn xióngmāo. Tā zài
那儿 照 了 很 多 相.
nàr zhào le hěn duō xiàng.

熊猫 xióngmāo

中国人 说:"百闻不如一见。"一
Zhōngguórén shuō: "Bǎi wén bùrú yí jiàn." Yí
个 旅馆 的 服务员 问 约翰 觉得 西安
ge lǚguǎn de fúwùyuán wèn Yuēhàn juéde Xī'ān
怎么样. 约翰 说: "百 闻 不如 一
zěnmeyàng. Yuēhàn shuō: "Bǎi wén bùrú yí
见!"
jiàn!"

百闻不如一见

Vokabeln

yóulǎn	游览	(als Tourist Stadt, Sehenswürdigkeit) besichtigen, besuchen
Měiguó	美国	Amerika (USA)
Měiguórén	美国人	Amerikaner
lìrú	例如	zum Beispiel, beispielsweise
X Fàndiàn	X 饭店	Hotel X (in Eigennamen von Hotels)
jiān	间	ZEW für Zimmer, Raum usw.
X lóu	X 楼	-tes Stockwerk
X hào	X 号	Nr. X
gānjìng	干净	sauber
cèsuǒ	厕所	Toilette (ZEW: 个 gè, 间 jiān)
línyù	淋浴	Dusche; duschen
gǔlǎo	古老	(historisch) alt
chéngshì	城市	Stadt
lìshǐ	历史	Geschichte (hist. Entwicklung)
gǔjī	古迹	Sehenswürdigkeiten oder Stätten aus alter Zeit
yǒumíng	有名	bekannt, berühmt
Qínyǒng	秦俑	Terra Cotta Armee des Kaisers Qín Shǐhuáng (255-222 v.Chr.)
bówùguǎn	博物馆	Museum
X qiān	X 千	X tausend
liǎng qiān duō nián	两千多年	mehr als 2000 Jahre
juéde	觉得	der Meinung sein, (emp)finden

第十课 Lektion 10

xióng	熊	Bär (ZEW: 只 zhī)
māo	猫	Katze (ZEW: 只 zhī)
xióngmāo	熊猫	Pandabär (ZEW: 只 zhī)
yìsi	意思	Bedeutung
yǒu yìsi	有意思	interessant
dòngwù	动物	Tier (ZEW: 只 zhī)
dòngwùyuán	动物园	Tierpark, Zoo
A bùrú B	A 不如 B	A ist B unterlegen, B ist besser als A
bǎi wén bùrú yí jiàn	百闻不如一见	einmal sehen ist besser als hundertmal hören
fúwùyuán	服务员	Bediensteter (eines Hotels, Restaurants usw.)
... zěnmeyàng?	... 怎么样?	Wie ist ...?, Wie finden Sie ...? (Bewertung)
Yuēhàn	约翰	John
Jīnhuā Fàndiàn	金花饭店	Jīnhuā-Hotel (in Xī'ān)
Zhōnglóu Fàndiàn	钟楼饭店	Zhōnglóu-Hotel (in Xī'ān)

10B Mustersätze

1. **Attribut mit 的 de**

   a) Zhè shi Lǐ Xiānsheng de fēijī piào. — Das ist die Flugkarte von Herrn Lǐ.

   b) Yī lóu de fángjiān méi yǒu cèsuǒ. — Die Zimmer der 2. Etage haben keine Toilette.

   c) Wǒ bù xǐhuan zhèr de rén. — Ich mag die Leute hier nicht.

   d) Jīntiān de cài tèbié hǎo. — Das Essen heute war besonders gut.

   e) Xī'ān shi yí ge gǔlǎo de chéngshì. — Xī'ān ist eine alte Stadt.

   f) Tā zài yì jiā hěn dà de lǚxíngshè gōngzuò. — Sie arbeitet in einem sehr großen Reisebüro.

   g) Zhè shi shéi de qián? — Wessen Geld ist das?

   h) Měiguó yǒu duōshao nián de lìshǐ? — Wie viele Jahre umfaßt die Geschichte der USA?

2. **Attribut ohne 的 de**

   a) Wǒ mèimei huì Fǎwén. — Meine (jüngere) Schwester kann Französisch.

b) Nǐ jiā zài nǎr? — *Wo wohnen Sie? / Wo ist Ihr Zuhause?*
c) Wǒ méi yǒu Rìwén shū. — *Ich habe keine japanischsprachigen Bücher.*
d) Xiàwǔ wǒ hái yǒu lìshǐ kè. — *Nachmittags habe ich noch Geschichtsunterricht.*
e) Tā zài yì jiā diànyǐng gōngsī gōngzuò. — *Sie arbeitet bei einem Filmunternehmen.*
f) Tā shi máng rén. — *Sie ist eine vielbeschäftigte Person.*
g) Zhè ge xiǎo chéngshì hěn yǒu yìsi. — *Diese kleine Stadt ist interessant.*
h) Jīntiān yǒu shénme hǎo cài? — *Welche guten Gerichte gibt es heute?*
i) Ānlì yǒu hěn duō Zhōngguó péngyou. — *Ānlì hat viele chinesische Freunde.*
j) Hěn shǎo shāngdiàn yǒu zhè zhǒng sīchóu. — *Sehr wenige Geschäfte haben diese Sorte Seide.*

3. Auslassung des Bezugsworts eines Attributs

a) Wǒ de fángjiān bù gānjìng, tā de hěn gānjìng. — *Mein Zimmer ist nicht sauber, seines ist sauber.*
b) Zuótiān de kè bù nán. Jīntiān de ne? — *Die Lektion gestern war nicht schwierig. Und die von heute?*
c) Zhèr méi yǒu dà yínháng, dà de zài Cháng'ān Jiē. — *Hier gibt es keine großen Banken, die großen sind in der Cháng'ān-Straße.*

4. Objektsatz

a) Wǒ zhīdao tā shi Wáng Lǎoshī de dìdi. — *Ich weiß, daß er der jüngere Bruder von Lehrerin Wáng ist.*
b) Tā zhīdao dòngwùyuán zài nǎ tiáo jiē. — *Sie weiß, in welcher Straße der Tierpark ist.*
c) Nǐ zhīdao nà ge jìzhě shi nǎ guó rén ma? — *Wissen Sie, aus welchem Land der Journalist (da) kommt?*
d) Ānlì shuō zhè ge diànyǐng méi yǒu yìsi. — *Ānlì sagte, daß der Film nicht interessant sei.*
e) Wǒ juéde tā de Hànyǔ bùrú nǐ de. — *Ich finde, dein Chinesisch ist besser als seins.*

第十课 Lektion 10

    f) Wǒ qù wèn tā bówùguǎn jǐ diǎn guānmén.   Ich gehe sie fragen, wann das Museum schließt.

    g) Tā méi wèn wǒ zhùzài nǎr.   Er hat mich nicht gefragt, wo ich wohnte.

5. 怎么样 **zěnmeyàng**

    a) Wǒ juéde zhè shuāng xié tài guì. Nǐ kàn, zhè shuāng zěnmeyàng?   Ich finde dieses Paar Schuhe zu teuer. Schauen Sie, wie finden Sie dieses Paar?

    b) Zhè jiā fàndiàn de fúwùyuán zěnmeyàng?   Wie sind die Kellner in diesem Restaurant?

    c) Tā juéde zhè běn shū zěnmeyàng?   Wie findet sie dieses Buch?

10C Grammatik

1. Attribut und Attributivpartikel 的 de

a) In Lektion 3 wurde bereits erwähnt, daß das Attribut stets vor dem Substantiv bzw. seinem Bezugswort steht und das bestimmende Wort oft durch die hinter ihm stehende Attributivpartikel 的 de als Attribut markiert wird.

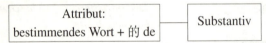

In manchen Fällen wird das Attribut ohne die Attributivpartikel 的 de allein durch die Wortstellung angezeigt.

Das Attribut im Chinesischen kann aus einem Pronomen, einem Substantiv oder einem Adjektiv bestehen. Auch Fragewörter treten als Attribut auf.

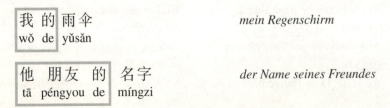

mein Regenschirm

der Name seines Freundes

| 这儿 | 的 | 人 | die Leute hier/die hiesigen Leute |
| zhèr | de | rén | |

| 便宜 | 的 | 丝绸 | billige Seide |
| piányi | de | sīchóu | |

| 几号 | 的 | 飞机? | das Flugzeug am wievielten? |
| jǐ hào | de | fēijī? | |

b) Zum Attribut, das aus einem Personalpronomen besteht, vgl. L3 C2.

c) Substantiv als Attribut
   Die Attributivpartikel 的 de wird in der Regel verwendet,
   – wenn das Attribut eine Zugehörigkeit bzw. ein Besitzverhältnis bezeichnet. Es entspricht oft dem Genitivattribut im Deutschen (die Zimmer **dieses Hotels**). Beachten Sie, daß Zeit- oder Lokalwörter wie z.B. 昨天 zuótiān *gestern* oder 这儿 zhèr *hier* im Chinesischen Substantive sind. Als Attribut entsprechen sie oft den attributiv gebrauchten Adverbien im Deutschen (die Geschäfte **hier**).

这 家 旅馆 的 房间 很 干净。 *Die Zimmer dieses Hotels sind*
Zhè jiā lǚguǎn de fángjiān hěn gānjìng. *sehr sauber.*

昨天 的 课 难 吗? *War die Lektion gestern/die gestri-*
Zuótiān de kè nán ma? *ge Lektion schwierig?*

别 在 这儿 的 商店 买 东西! *Kauf nicht in den Geschäften hier/in*
Bié zài zhèr de shāngdiàn mǎi dōngxi! *den hiesigen Geschäften ein!*

   – wenn das Attribut jemanden/etwas charakterisiert

他们 有 一 个 二十 岁 的 女儿。 *Sie haben eine Tochter von 20*
Tāmen yǒu yí ge èrshí suì de nǚ'ér. *Jahren.*

的 de wird ausgelassen,
   – wenn das Attribut Material, Herkunft, Verwendungszweck o.ä. bezeichnet und dabei jemanden/etwas einer bestimmten Kategorie zuordnet. Es ist vergleichbar

第十课 Lektion 10

mit dem Bestimmungswort in zusammengesetzten Substantiven des Deutschen, z.B. **Seiden**stoff oder **Auto**firma. Diese Wörter werden meistens als feststehende Begriffe betrachtet.

| 丝绸料子 | Seidenstoff | 汽车公司 | Autofirma |
| sīchóu liàozi | | qìchē gōngsī | |

| 德国汽车 | deutsche Wagen | 经济课 | Wirtschaftsunterricht |
| Déguó qìchē | | jīngjì kè | |

– wenn das Attribut Bestandteil des Namens einer Institution ist.

北京市丝绸进出口公司   *Seiden-Import- und Exportfirma*
Běijīng Shì Sīchóu Jìn-chūkǒu Gōngsī   *der Stadt Běijīng*

d) Adjektiv als Attribut

的 de wird verwendet,

– wenn das Adjektiv mehrsilbig ist.

我不买便宜的东西。   *Ich kaufe keine billigen Dinge.*
Wǒ bù mǎi piányi de dōngxi.

– wenn das Adjektiv durch ein Adverb näher bestimmt wird.

他租了一辆很小的车。   *Er hat einen sehr kleinen Wagen*
Tā zū le yí liàng hěn xiǎo de chē.   *gemietet.*

真有意思的电影!   *Ein wirklich interessanter Film!*
Zhēn yǒu yìsi de diànyǐng!

Wenn das Attribut nur aus einem einsilbigen Adjektiv besteht, wird 的 de ausgelassen, es sei denn, man will dieses hervorheben.

她在一家大公司工作。   *Sie arbeitet in einer großen Firma.*
Tā zài yì jiā dà gōngsī gōngzuò.

这是好事情。   *Das ist eine gute Sache.*
Zhè shi hǎo shìqing.

Beachten Sie: Bestimmt das einsilbige Adjektiv jedoch eine Wortgruppe, wird 的 de verwendet; meistens steht vor dem Adjektiv noch das Adverb 很 hěn.

	好 电影.		einen guten Film	
我 看 了 一 个	hǎo diànyǐng.			
Wǒ kàn le yí ge	好 的 德国 电影.	Ich habe	einen guten deutschen Film	gesehen.
	hǎo de Déguó diànyǐng.			
	很 好 的 德国 电影.		einen (sehr) guten deutschen Film	
	hěn hǎo de Déguó diànyǐng.			

Bei Adjektiven, die eine Menge bezeichnen, z.B. 一点儿 yìdiǎnr *ein wenig*, 多 duō *viel*, 少 shǎo *wenig* usw. entfällt 的 de meist. Beachten Sie, daß 多 duō und 少 shǎo als Attribut immer mit einem Adverb auftreten müssen.

我 还 有 一点儿 钱.   *Ich habe noch etwas Geld.*
Wǒ hái yǒu yìdiǎnr qián.

这儿 有 很 多 鞋店.   *Es gibt hier viele Schuhgeschäfte.*
Zhèr yǒu hěn duō xiédiàn.

他 买 了 不 少 东西.   *Er hat nicht wenig/recht viel ein-*
Tā mǎi le bù shǎo dōngxi.   *gekauft.*

e) Fragewort als Attribut

Außer beim Fragewort 什么 shénme *was für ein* und Ausdrücken, mit denen man nach einer Zahlen- oder Mengenangabe fragt, wird ein Fragewort als Attribut mit 的 de verwendet.

你 坐 几 点 的 火车 去?   wörtl.: *Mit dem Zug um wieviel*
Nǐ zuò jǐ diǎn de huǒchē qù?   *Uhr fahren Sie?*

你 要 买 多少 钱 的 小提琴?   *In welcher Preislage soll die Gei-*
Nǐ yào mǎi duōshao qián de xiǎotíqín?   *ge sein?*

f) Bei einem in der Vokabelliste als „VO" gekennzeichneten Verb steht das Attribut zwischen dem verbalen Bestandteil und dem des Objekts (vgl. L7 C1).

昨天 下 了 很 大 的 雨.   *Gestern hat es sehr stark gereg-*
Zuótiān xià le hěn dà de yǔ.   *net.* (wörtl.: *Gestern ist sehr star-*
    ker Regen gefallen.)

第十课 Lektion 10

g) Wenn das Bezugswort samt Attribut von einem anderen Attribut bestimmt wird, steht dieses vor der Wortgruppe. Bei einer Zahlenangabe steht das Zähleinheitswort unmittelbar hinter der Zahl.

五 张 　　　　　　　　电 影 票　　*fünf Kinokarten*
wǔ zhāng 　　　　　　diànyǐng piào

五 张 　　　　　星 期 六 的 电 影 票　*fünf Kinokarten*
wǔ zhāng　　　xīngqī liù de diànyǐng piào　*für Samstag*

五 张 很 贵 的 星 期 六 的 骑 自 孩　*fünf sehr teure Kino-*
wǔ zhāng hěn guì de xīngqī liù de diànyǐng piào　*karten für Samstag*

Beachten Sie, daß eine Zahlenangabe hinter dem Attribut steht, zu dem sie in einer partitiven Beziehung steht, d.h. die angegebene Zahl drückt nur einen Teil der Gesamtmenge aus.

星 期 六 的 五 张 　 电 影 票　*fünf von den Kinokarten für Sams-*
xīngqī liù de wǔ zhāng diànyǐng piào　*tag*

那 儿 的 一 家 大 公 司　*eine große Firma dort / eine der*
nàr de yī jiā dà gōngsī　*großen Firmen dort*

2. Auslassung des Bezugsworts beim Attribut mit 的 de

Wenn klar ist, auf welches Substantiv sich ein Attribut bezieht, kann das Substantiv unerwähnt bleiben. 的 de muß dann als Stellvertreter des ausgelassenen Bezugsworts hinter dem Attribut stehen.

我 们 的 房 间 在 二 楼, 大 的　*Unsere Zimmer sind in der 3. Eta-*
Wǒmen de fángjiān zài èr lóu, dà de　*ge. Das große ist meins.*
　　　　　是 我 的。
(fángjiān)　shi wǒ de　(fángjiān).

3. Objektsatz

Im Chinesischen kann sich ein Aussagesatz als Objektsatz - ohne eine Konjunktion wie etwa „daß" im Deutschen - an ein Verb anschließen. Auch ein Fragesatz kann einen

Objektsatz bilden. Es handelt sich dabei oft um Verben des Sagens, Meinens oder Fragens.

| 你 知道 他们 哪 天 回来 吗? | Weißt du, wann sie zurückkom- |
| Nǐ zhīdao tāmen nǎ tiān huílai ma? | men? |

妈妈 说 他们 后天 回来.　　Mama sagte, daß sie übermorgen
Māma shuō tāmen hòutiān huílai.　zurückkämen.

Beim Verb des Fragens steht die Person, an die man die Frage richtet, vor dem Objektsatz. Ist sie identisch mit dem Subjekt des Objektsatzes, läßt man letzteres aus.

我 去 问 售货员 这 多少　　Ich gehe den Verkäufer fragen,
Wǒ qù wèn shòuhuòyuán zhè duōshao　wieviel das kostet.
钱.
qián.

她 问 我 叫 什么 名字.　　Sie fragte mich, wie ich heiße.
Tā wèn wǒ jiào shénme míngzi.

4. Frage nach einem Werturteil mit 怎么样 zěnmeyàng

Mit 怎么样 zěnmeyàng fragt man nach einem Werturteil. Es steht am Satzende.

> ... 怎么样?
> ... zěnmeyàng?

昨天 的 电影 怎么样?　　Wie war der Film gestern? / Wie
Zuótiān de diànyǐng zěnmeyàng?　findest du den Film gestern?

很 有 意思.　　Er war sehr interessant.
Hěn yǒu yìsi.

你 觉得 他 怎么样?　　Wie finden Sie ihn? / Was halten
Nǐ juéde tā zěnmeyàng?　Sie von ihm?

5. Benennung der Stockwerke

Anders als in Deutschland zählt das Erdgeschoß in China bereits als das 1. Stockwerk. Das 1. Stockwerk im Deutschen entspricht also dem 2. im Chinesischen.

一 楼 *Erdgeschoß*	二 楼 *1. Etage*	三 楼 *2. Etage*
yī lóu	èr lóu	sān lóu

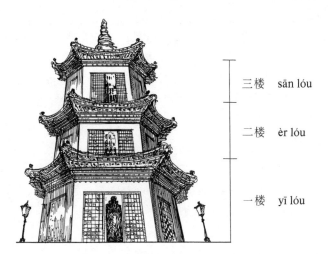

10D Übungen

1. *Fügen Sie den Substantiven Attribute hinzu:*

   Beispiel: Schuhe (sehr hübsche)
   hěn hǎokàn de xiézi

   a) jüngerer Bruder (scin)   b) Familie (deines Freundes)   c) Regenschirm (des Verkäufers)   d) Bedienstete (dieses Hotels)   e) Zoo (dort/dortiger)   f) Geschäfte (in der Xī-Xīnglóng-Straße)   g) Flugkarte (für den 8. Juli)   h) Unterricht (des Vormittags)   i) Landkarte (englischsprachige)   j) Speise/Gerichte (japanische)   k) Firma (Luftfahrt)   l) Museum (historisches)   m) ein Journalist (berühmter)   n) Toiletten (nicht saubere)   o) zwei Studenten (sehr zerstreute)   p) ein Buch (besonders gutes)   q) einige Freunde (gute)   r) Städte (große)   s) ein amerikanischer Wagen (teurer)   t) Wirtschaftsunterricht (schwieriger)   u) Leute (viele)   v) Geld (nicht wenig)   w) Tee (etwas).

2. *Stellen Sie passende Fragen zu den Aussagesätzen. Der Frageinhalt soll sich auf die unterstrichenen Attribute beziehen:*
   Beispiel: Wǒmen hái yǒu <u>xīngqī sān</u> de fēijī piào.
   Nǐmen hái yǒu xīngqī jǐ de fēijī piào?
   a) Wǒ dìng le yì tiān <u>yì bǎi Kuài</u> de fángjiān. b) Tā shi <u>wǒ</u> jiùjiu. c) <u>Hángzhōu</u> sīchóu hěn yǒumíng. d) Zhè ge chéngshì yǒu <u>yì qiān nián</u> de lìshǐ. e) Wǒ zuò <u>hòutiān</u> de huǒchē huílai. f) Dàwèi yǒu yí ge <u>shíbā suì</u> de mèimei. g) Wǒmen yào kàn <u>bā diǎn bàn</u> de diànyǐng.

3. *Vervollständigen Sie die Sätze:*
   Beispiel: Mein Zimmer ist in der 2. Etage, seines ist in der 5. Etage.
   Wǒ de fángjiān zài sān lóu, tā de zài liù lóu.
   a) Wir haben englischsprachige Landkarten, keine deutschsprachigen.
   Wǒmen yǒu Yīngwén dìtú, méi yǒu ... .
   b) Billige Schuhe sind nicht gut, gute sind nicht billig.
   Piányi de xiézi bù hǎo, ... bù piányi.
   c) Wir haben keine großen Zimmer mehr, nur kleine.
   Wǒmen méi yǒu dà fángjiān le, zhǐ yǒu ... .
   d) Die Zimmer in der 1. Etage haben Dusche und Toilette, die in der 2. Etage haben keine.
   Èr lóu de fángjiān yǒu línyù hé cèsuǒ, ... méi yǒu.

4. *Übersetzen Sie:*
   a) Das Bedienungspersonal dieses Hotels kann Englisch. b) Ich bin nicht mit dem Zug um 9 Uhr gekommen, sondern mit dem um 10 Uhr. c) Wir haben in einem Restaurant in einer kleinen Straße viele jiǎozi gegessen. d) Er arbeitet jetzt bei einer großen deutschen Firma dort. e) Wir haben einige alte Städte besucht, z.B. Dàtóng, Xī'ān, Dūnhuáng. Wir haben in Xī'ān viele Fotos gemacht.

5. *Sie als Verkäufer bedienen gerade eine Kundin. Fragen Sie sie, was sie von den Artikeln hält, die Sie ihr zeigen:*
   Beispiel: (das Fahrrad) Nín kàn, zhè liàng zìxíngchē zěnmeyàng?
   a) (diese Sorte Seide) b) (dieses französische Bett) c) (dieser Regenschirm) d) (dieser Füller).

第十课 Lektion 10

6. *Fragen Sie (A) ihren Freund (B) nach seiner Meinung:*
   Beispiel: A: (chinesische Fahrräder) Zhōngguó zìxíngchē zěnmeyàng?
   B: (sehr gut) Zhōngguó zìxíngchē hěn hǎo.
   a) A: (das Restaurant von Herrn Bái)
      B: (nicht sauber)
   b) A: (die Waren/Dinge dieses Geschäfts)
      B: (zu teuer)
   c) A: (die jetzige Arbeit von B)
      B: (besonders interessant)
   d) A: (Dàwèis Chinesisch)
      B: (nicht so gut wie Ānlìs)

7. *Äußern Sie drei Meinungen, indem Sie das Verb* 觉得 juéde *verwenden.*

8. *Vervollständigen Sie die Sätze, indem Sie jeweils einen Objektsatz hinzufügen:*
   a) Wǒ jiùjiu shuō ... b) Wǒmen juéde ... c) Nǐ péngyou wèn ... d) Nà ge jìzhě wèn wǒ ... e) Tā zhīdao ... f) Nǐ zhīdao ...? g) Nǐ zuìhǎo xiān qù wèn fúwùyuán ...

第十一课 *Lektion 11*
Dì shíyī kè

11A Text

1. Lehrerin Wáng (A), die gerade zur Post will, sucht einen Brief. Ihr Sohn Xiǎolóng (B) hilft ihr dabei.

A: 小龙，我找我写的信．你知道在哪儿吗？
   Xiǎolóng, wǒ zhǎo wǒ xiě de xìn. Nǐ zhīdao zài nǎr ma?

B: 在桌上，你看，就在你的眼镜下面．
   Zài zhuō shang, nǐ kàn, jiù zài nǐ de yǎnjìng xiàmian.

A: 哎哟，我真糊涂，没戴眼镜．谢谢你．小龙，我去邮局了．
   Āiyo, wǒ zhēn hútu, méi dài yǎnjìng. Xièxie nǐ. Xiǎolóng, wǒ qù yóujú le.

B: 好，我在家．
   Hǎo, wǒ zài jiā.

第十一课 Lektion 11

2. Lehrerin Wáng (B) hat ein neues Fahrrad. Ihre Nachbarin Frau Lǐ (A) möchte gerne mal damit fahren.

A: 小王, 我想骑骑你昨天买的自行车.
Xiǎo Wáng, wǒ xiǎng qíqi nǐ zuótiān mǎi de zìxíngchē.

B: 车在外面. 你去骑吧!
Chē zài wàimian. Nǐ qù qí ba!

A: 车子在房子前面吗?
Chēzi zài fángzi qiánmian ma?

B: 不, 在后面.
Bù, zài hòumian.

A: 好, 我去骑了.
Hǎo, wǒ qù qí le.

B: 小李, 等一下!
Xiǎo Lǐ, děng yíxià!

A: 什么事?
Shénme shì?

B: 你没拿钥匙. 钥匙还在我的皮包里, 我去拿.
Nǐ méi ná yàoshi. Yàoshi hái zài wǒ de píbāo li, wǒ qù ná.

A: 我在门口等你.
Wǒ zài ménkǒu děng nǐ.

等等!
Děngdeng!

3. Dàwèi (A) möchte eine Thermoskanne kaufen. Er spricht eine Verkäuferin (B) an.

A: 师傅, 我想看看那
Shīfu, wǒ xiǎng kànkan nà
个暖水瓶.
ge nuǎnshuǐpíng.

B: 哪个? 这个吗?
Nǎ ge? Zhè ge ma?

A: 不, 旁边的那个.
Bù, pángbiān de nà ge.

B: 左边的吗?
Zuǒbiān de ma?

暖水瓶在桌上.
Nuǎnshuǐpíng zài zhuō shang.

A: 不, 右边 的.
Bù, yòubiān de.

B: 我 知道 了. ... 你 看看! ... 怎么样?
Wǒ zhīdao le. ... Nǐ kànkan! ... Zěnmeyàng?

A: 不错. 多少 钱?
Búcuò. Duōshao qián?

B: 八 块 九.
Bā Kuài jiǔ.

A: 好, 我 买 这 个. 对 了, 我 需要 几 张 邮票. 这儿
Hǎo, wǒ mǎi zhè ge. Duì le, wǒ xūyào jǐ zhāng yóupiào. Zhèr
附近 有 邮局 吗?
fùjìn yǒu yóujú ma?

B: 有. 我们 对面 就 有 一 个 小 邮局.
Yǒu. Wǒmen duìmiàn jiù yǒu yí ge xiǎo yóujú.

4. Dàwèi (A) sucht Ānlì (B) im Studentenwohnheim auf.

A: 安丽, 我 想 看 一 看 你 在 新华 书店 买 的 那
Ānlì, wǒ xiǎng kàn yi kàn nǐ zài Xīnhuá Shūdiàn mǎi de nà
本 字典.
běn zìdiǎn.

B: 对不起, 字典 现在 不 在 我 这儿, 在 玛莉 那儿. 你
Duìbuqǐ, zìdiǎn xiànzài bú zài wǒ zhèr, zài Mǎlì nàr. Nǐ
可以 去 她 那儿 拿.
kěyǐ qù tā nàr ná.

A: 她 住在 几 楼? 房间 几 号?
Tā zhùzài jǐ lóu? Fángjiān jǐ hào?

B: 四 楼, 四 零 六 号.
Sì lóu, sì líng liù hào.

A: 好. 那么, 我 现在 去 她 那儿.
Hǎo. Nàme, wǒ xiànzài qù tā nàr.

第十一课 Lektion 11

Vokabeln

xiě + *Obj.*	写 + Obj.	*schreiben* + Obj.
xìn	信	*Brief* (ZEW: 封 fēng)
zhuōzi/zhuō	桌子/桌	*Tisch* (ZEW: 张 zhāng)
shàngmian	上面	*oben; oberhalb, auf*
jiù	就	*(auf einen Ort bezogen) gleich, direkt*
yǎnjìng	眼镜	*Brille* (ZEW: 副 fù)
xiàmian	下面	*unten; unterhalb, unter*
dài	戴	*(Brille, Hut usw.) tragen*
yóujú	邮局	*Postamt*
wàimian	外面	*draußen, außerhalb*
fángzi	房子	*Haus* (ZEW: 个 gè, 栋 dòng)
qiánmian	前面	*vorne; vor*
hòumian	后面	*hinten; hinter*
děng	等	*warten*
shì	事	*Angelegenheit, Anliegen* (ZEW: 件 jiàn)
yàoshi	钥匙	*Schlüssel* (ZEW: 把 bǎ)
píbāo	皮包	*Handtasche*
lǐmian	里面	*drinnen, innen; innerhalb, in*
ménkǒu	门口	*Eingang; an der Tür*
shīfu	师傅	*Anredeform* (vgl. C 5)
shuǐ	水	*Wasser*
nuǎnshuǐpíng	暖水瓶	*Thermoskanne*
pángbiān	旁边	*nebenan; neben; an der Seite*
zuǒbiān	左边	*linke Seite; links (von)*
yòubiān	右边	*rechte Seite; rechts (von)*
búcuò	不错	*recht gut, nicht schlecht*
zhāng	张	*ZEW für flächige Gegenstände, z.B. Tisch, Papier usw.*
yóupiào	邮票	*Briefmarke* (ZEW: 张 zhāng)
fùjìn	附近	*nahe; in der Nähe (von)*
duìmiàn	对面	*gegenüberliegende Seite; gegenüber*
shūdiàn	书店	*Buchhandlung* (ZEW: 个 gè, 家 jiā)
běn	本	*ZEW für in Heft- oder Buchform gebundene Gegenstände, z.B. Buch, Wörterbuch, Heft usw.*

zìdiǎn	字典	Wörterbuch (ZEW: 本 běn)	Xīnhuá Shūdiàn	新华书店	Xīnhuá-Buchhandlung (Eigenname)
jǐ lóu	几楼	welche Etage			
jǐ hào	几号	welche Nummer			

11B Mustersätze

1. **Verbales und erweitertes verbales Attribut**

   a) rén
       Lái de rén hěn duō.

       Leute
       Es sind viele Leute, die gekommen sind.

       Lái zhè ge dòngwùyuán de rén hěn duō.
       Es gibt viele Leute, die in diesen Zoo kommen.

       Lái zhè ge dòngwùyuán kàn xióngmāo de rén hěn duō.
       Es gibt viele Leute, die in diesen Zoo kommen, um Pandabären zu sehen.

       Jīntiān lái zhè ge dòngwùyuán kàn xióngmāo de rén tèbié duō.
       Die Leute, die heute in diesen Zoo kamen, um Pandabären zu sehen, waren besonders zahlreich.

   b)   shū
       Tā xiě de shū hěn yǒumíng.

       Buch
       Die Bücher, die er geschrieben hat, sind sehr bekannt.

       Wǒ yào fānyì de shū jiào „Gùgōng Lìshǐ".
       Das Buch, das ich übersetzen werde, heißt „Geschichte der Verbotenen Stadt".

   c) Nǐ gēn shéi qù de?
       Wǒ gēn yí ge zài yóujú gōngzuò de péngyou qù de.

       Mit wem bist du gegangen?
       Ich bin mit einem Freund, der in der Post arbeitet, gegangen.

   d) Wǒ yǒu sān ge píbāo. Nǐ yào yòng nǎ ge?
       Wǒ kěyǐ yòng nǐ zài Shànghǎi mǎi de nà ge ma?

       Ich habe drei Handtaschen. Welche willst du benutzen?
       Kann ich die benutzen, die du in Shànghǎi gekauft hast?

第十一课 Lektion 11

2. **Positionswörter**

a) Fēijī piào zài shàngmian, xìn zài xiàmian.
   Fēijī piào zài xìn shàngmian, xìn zài fēijī piào xiàmian.
   Die Flugkarte ist oben, der Brief ist unten.
   Die Flugkarte ist auf dem Brief, der Brief ist unter der Flugkarte.

b) Wǒ qù qiánmian zhǎo tā.
   Wǒ qù fángzi qiánmian zhǎo tā, nǐ qù hòumian zhǎo.
   Ich gehe ihn vorne suchen.
   Ich gehe und suche ihn vor dem Haus, such du ihn hinten.

c) Tā shuō tā zài túshūguǎn děng wǒmen.
   Tā shuō tā zài túshūguǎn lǐmian, bú shi zài wàimian děng wǒmen.
   Er sagte, daß er in der Bibliothek auf uns warte.
   Er sagte, daß er in der Bibliothek und nicht draußen auf uns warte.

d) Zuǒbiān de zhuōzi shi wǒ de.
   Chuáng zuǒbiān de zhuōzi shi wǒ de, yòubiān de shi tā de.
   Der Tisch links ist meiner.
   Der Tisch links vom Bett ist meiner, der rechts ist seiner.

e) Huǒchēzhàn pángbiān yǒu hěn duō dà shāngdiàn.
   Neben dem Bahnhof gibt es viele große Läden.

f) Wǒ zhùzài Tiānjīn fùjìn de yí ge xiǎo chéngshì.
   Ich wohne in einer kleinen Stadt nahe Tiānjīn.

g) Yàoshi zài píbāo li, bú zài zhuō shang.
   Der Schlüssel ist in der Tasche und nicht auf dem Tisch.

h) Māo zài ménkǒu.
   Māo zài mén nàr.
   Die Katze ist an der Tür.
   Die Katze ist (dort) an der Tür.

i) Nǐ zài wǒmen jiā chīfàn ba!
   Nǐ zài wǒmen zhèr chīfàn ba!
   Essen Sie doch bei uns (zu Hause)!
   Essen Sie doch (hier) bei uns!

j) Nǐ shénme shíhou qù kàn Xiǎo Lù?
   Nǐ shénme shíhou qù Xiǎo Lù nàr?
   Wann gehst du Xiǎo Lù besuchen?
   Wann gehst du zu Xiǎo Lù?

3. 就 **jiù**

a) Túshūguǎn zài èr lóu.
   Túshūguǎn jiù zài èr lóu.
   Die Bibliothek ist in der 1. Etage.
   Die Bibliothek ist gleich in der 1. Etage.

b) Qiánmian yǒu yí ge hěn dà de yóujú. — *Vorne ist eine große Post.*
Qiánmian jiù yǒu yí ge hěn dà de yóujú. — *Gleich vorne ist eine große Post.*

4. **Verdoppelung des Verbs, 一下 yíxià**

   a) Děngdeng! — *Warte mal!*
   Děng yi děng! — *Warte mal!*
   Děng yíxià! — *Warte mal!*

   b) Wǒ xiǎng xiān | shuìshui jiào. / shuì yi shuì jiào. / shuì yíxià jiào. — *Ich möchte zuerst etwas schlafen.*

   c) Wǒmen zhǐ zài wàimian | kàn le kàn. / kàn le yíxià. — *Wir haben nur von außen mal geschaut.*

   d) Nǐ | kànkan / kàn yi kàn / kàn yíxià | wǒ xiě de zì! — *Schauen Sie mal die Schriftzeichen, die ich geschrieben habe, an.*

   e) Wǒ qù | péipei Liú Nǚshì. / péi yi péi Liú Nǚshì. / péi yíxià Liú Nǚshì. / péi tā yíxià. — *Ich gehe mal Frau Liú Gesellschaft leisten. / Ich gehe ihr mal Gesellschaft leisten.*

   f) Wǒmen xiǎng qù nàr | yóulǎn yóulǎn. / yóulǎn yíxià. — *Wir möchten dorthin fahren und ein bißchen herumreisen und einiges besichtigen.*

5. **几楼 jǐ lóu; 几号 jǐ hào**

   a) Qǐngwèn, Dīng Yuèmíng Nǚshì zhùzài jǐ lóu? — *Entschuldigen Sie, in welcher Etage wohnt Frau Dīng Yuèmíng?*
   Tā zhùzài wǔ lóu. — *Sie wohnt in der 6. Etage.*

   b) Wǒmen dìng de fángjiān zài jǐ lóu? — *In welchem Stockwerk ist das Zimmer, das wir bestellt haben?*

   c) Xiǎo Chén de fángjiān jǐ hào? — *Welche Nummer hat das Zimmer von Xiǎo Chén?*
   Tā de fángjiān èr líng bā hào. — *Seine Zimmernummer ist 208.*

   d) Nǐmen jiā jǐ hào? — *Welche Hausnummer habt ihr?*

第十一课 Lektion 11

11C Grammatik

1. Verbales Attribut, erweitertes verbales Attribut

Ein Attribut, das aus einem Verb besteht oder ein Verb enthält, steht - wie alle Attribute - vor dem Bezugswort, wobei immer die Attributivpartikel 的 de verwendet werden muß.

Ein solches Attribut ist vergleichbar dem attributiv gebrauchten Partizip im Deutschen, übersetzt wird es meist mit einem Relativsatz.

等 电车 的 人 ...　　die auf die Straßenbahn warten-
děng diànchē de rén ...　　den Leute ...
　　　　　　　　　　　die Leute, die auf die Straßen-
　　　　　　　　　　　bahn warten ...

Beachten Sie, daß ein Verb, das sich auf eine vollendete Handlung bezieht, als Attribut ohne 了 le gebraucht wird.

Das Attribut kann auch aus einem Verb allein bestehen.

人　　　　　　　　　　Leute
rén

来 的 人　　　　　　　Leute, die gekommen sind
lái de rén

来 的 人 很 多.　　　　Die Leute, die gekommen sind,
Lái de rén hěn duō.　　sind zahlreich. / Viele Leute sind
　　　　　　　　　　　gekommen.

Das Attribut kann erweitert sein, d.h. das Verb tritt z.B. zusammen mit Subjekt, Modalverb, Objekt oder Adverbial als Attribut auf.

书　　　　　　　　　　Buch
shū

我 找 的 书　　　　　　das Buch, das ich suche
wǒ zhǎo de shū

图书馆 没 有 我 找 的 书.　Die Bibliothek hat nicht das Buch,
Túshūguǎn méi yǒu wǒ zhǎo de shū.　das ich suche.

一个 yí ge	朋友 péngyou	ein Freund

一个 会 说 日文 的 朋友   *ein Freund, der Japanisch spre-*
yí ge huì shuō Rìwén de péngyou   *chen kann*

我 有 一个 会 说 日文 的 朋友.   *Ich habe einen Freund, der Japa-*
Wǒ yǒu yí ge huì shuō Rìwén de péngyou.   *nisch sprechen kann.*

字典   *Wörterbuch*
zìdiǎn

你 在 新华 书店 买 的 字典   *das Wörterbuch, das du in der*
nǐ zài Xīnhuá Shūdiàn mǎi de zìdiǎn   *Xīnhuá-Buchhandlung gekauft hast*

你 在 新华 书店 买 的 字典   *Wie teuer ist das Wörterbuch, das*
Nǐ zài Xīnhuá Shūdiǎn mǎi de zìdiǎn   *du in der Xīnhuá-Buchhandlung ge-*
多少 钱?   *kauft hast?*
duōshao qián?

Ein Demonstrativpronomen steht häufig hinter dem verbalen Attribut.

那 两 封 信 在哪儿?   *Wo sind die/jene zwei Briefe?*
Nà liǎng fēng xìn zài nǎr?

我 昨天 写 的 那 两 封 信 在哪儿?   *Wo sind die/jene zwei Briefe, die*
Wǒ zuótiān xiě de nà liǎng fēng xìn zài nǎr?   *ich gestern geschrieben habe?*

2. Positionswörter

a) Wörter wie 下面 xiàmian *unten, unter* oder 前面 qiánmian *vorne, vor* werden als Positionswörter bezeichnet. Sie sind wie Länder-, Ortsnamen, Bezeichnungen von Räumlichkeiten oder öffentlichen Einrichtungen (vgl. L C 4.) im Chinesischen Substantive. Mit ihnen wird eine räumliche Beziehung zum Sprecherstandort oder zu einem anderen Standort bestimmt.

Die meisten Positionswörter bestehen aus einem Schriftzeichen, das die Position bezeichnet und dem Schriftzeichen 面 miàn *Seite, Fläche* oder 边 biān *Seite, Rand*. Bis auf wenige Ausnahmen sind 面 miàn und 边 biān austauschbar. Außer bei 对面 duìmiàn wird 面 als Bestandteil eines Positionsworts im schwachen Ton mian gelesen.

第十一课 Lektion 11

Beachten Sie in der nachstehenden Liste, daß die meisten Positionswörter im Deutschen als Ortsadverbien oder -präpositionen wiedergegeben werden können. So bedeutet z.B. 后面 hòumian sowohl *hinten* als auch *hinter*.

这儿 zhèr		hier
那儿 nàr		dort
上面 shàngmian /	上边 shàngbiān	oben; oberhalb, auf
下面 xiàmian /	下边 xiàbiān	unten; unterhalb, unter
前面 qiánmian /	前边 qiánbiān	vorne, vor
后面 hòumian /	后边 hòubiān	hinten; hinter
里面 lǐmian /	里边 lǐbiān	drinnen; innerhalb, in
外面 wàimian /	外边 wàibiān	draußen; außerhalb
左边 zuǒbiān /	左面 zuǒmian	linke Seite; links (von)
右边 yòubiān /	右面 yòumian	rechte Seite; rechts (von)
旁边 pángbiān		nebenan; neben
对面 duìmiàn		gegenüberliegende Seite, gegenüber
附近 fùjìn		nahe; in der Nähe (von)

b) Ein Positionswort kann alleine als Ortsangabe auftreten.

我 去 前面. Wǒ qù qiánmian.	*Ich gehe nach vorne.*
小龙 在 外面 做 什么? Xiǎolóng zài wàimian zuò shénme?	*Was macht Xiǎolóng draußen?*

c) Es wird oft von einem anderen Ortssubstantiv oder einem sonstigen Substantiv näher bestimmt. Beachten Sie, daß es dann - im Gegensatz zum Deutschen - hinter dem bestimmenden Substantiv steht.

Ortssubstantiv/ Substantiv	Positionswort	
北京 Běijīng	附近 fùjìn	in der Nähe von Běijīng
皮包 píbāo	里面 lǐmian	in der Tasche
我们 wǒmen	对面 duìmiàn	uns gegenüber

Hierbei können 上面 shàngmian/上边 shàngbiān und 里面 lǐmian/里边 lǐbiān zu 上 shàng bzw. 里 lǐ verkürzt werden, jedoch nicht wenn das Attribut eine Personenbezeichnung ist.

桌子 上 zhuōzi shang	*auf dem Tisch*	皮包 里 píbāo li	*in der Tasche*

aber:

我们 上面 wǒmen shàngmian	*über uns*

下 xià, 前 qián, 后 hòu und 外 wài werden meist nur dann ohne 面 mian bzw. 边 biān gebraucht, wenn das Attribut einsilbig ist. Diese Ausdrucksform kommt überwiegend in der Schriftsprache vor.

第十一课 Lektion 11

床 下   *unter dem Bett*
chuáng xià

房 前   *vor dem Haus*
fáng qián

门 外   *draußen vor der Tür*
mén wài

d) Man muß zwischen Personen- und Sachbezeichnungen einerseits und Ortssubstantiven andererseits unterscheiden. Erstere können - anders als im Deutschen - nicht alleine, sondern nur mit einem nachstehenden Ortssubstantiv eine Ortsangabe bilden.

Beispiele:

– 家 jiā *Zuhause* und 门口 ménkǒu *am Eingang; an der Tür* sind Ortssubstantive und können alleine als Ortsangabe auftreten.

我 今天 不 在 家 吃饭.   *Ich esse heute nicht zu Hause.*
Wǒ jīntiān bú zài jiā chīfàn.

雨伞 在 门口.   *Der Regenschirm ist an der Tür.*
Yǔsǎn zài ménkǒu.

– 我们 wǒmen *wir* und 李老师 Lǐ Lǎoshī *Lehrer Lǐ* sind Personenbezeichnungen; 门 mén *Tür* und 房子 fángzi *Haus* sind Sachbezeichnungen. Als Ortsangabe muß ein Ortssubstantiv bzw. Positionswort hinter ihnen stehen. Für die Angabe *zu/bei jemandem* oder *etwas* verwendet man 这儿 zhèr *hier* oder 那儿 nàr *dort*. 这儿 zhèr bezieht sich auf den Sprecherstandort, 那儿 nàr auf einen vom Sprecher entfernten Ort.

你 可以 住在	我们 家.	*Du kannst bei uns (zu Hause) wohnen.*
Nǐ kěyǐ zhùzài	wǒmen jiā.	
	我们 这儿.	*Du kannst (hier) bei uns wohnen.*
	wǒmen zhèr.	
	我们 那儿.	*Du kannst (dort) bei uns wohnen.*
	wǒmen nàr.	

我 要 去 李老师 那儿.   *Ich will zu Lehrer Lǐ gehen.*
Wǒ yào qù Lǐ Lǎoshī nàr.

	门 后面.	
	mén hòumian.	hinter der Tür.
雨伞在	门 旁边.	Der Regenschirm ist neben der Tür.
Yǔsǎn zài	mén pángbiān.	
	门 那儿.	an/bei der Tür.
	mén nàr.	

3. Das Adverb 就 jiù

Mit dem Adverb 就 jiù kann die unmittelbare Nähe eines Ortes zum Sprecher oder zu einem Standort hervorgehoben werden. Es steht vor dem Prädikat.

厕所　　在　那儿.　　　　Die Toilette ist dort.
Cèsuǒ　　zài　nàr.

厕所 就 在　那儿.　　　　Die Toilette ist gleich dort.
Cèsuǒ jiù zài　nàr.

火车站 对面 就 有 一 个 邮局. *Gleich gegenüber dem Bahnhof*
Huǒchēzhàn duìmiàn jiù yǒu yí ge yóujú. *gibt es eine Post.*

4. Verdoppelung des Verbs; 一下 yíxià

a) Ein Verb kann verdoppelt oder mit 一下 yíxià *(kurz) mal* gebraucht werden, um auszudrücken, daß man eine Handlung nur kurz oder versuchsweise ausführt. Diese Ausdrucksform kann ferner einer Bitte einen höflichen und einer Aufforderung einen weniger strengen Ton verleihen.

b) Verdoppelung des Verbs
Beim einsilbigen Verb wird die zweite Silbe im schwachen Ton gelesen.

等等!　　　　　　　　　　*Warte mal!*
Děngdeng!

你 写写 这 个 字!　　　*Schreiben Sie mal das Schriftzei-*
Nǐ xiěxie zhè ge zì!　　　*chen! / Versuchen Sie mal, das*
　　　　　　　　　　　　　Schriftzeichen zu schreiben!

Zwischen die beiden Silben kann noch 一 yi eingefügt werden. „一" wird hier im schwachen Ton gelesen.

第十一课 Lektion 11

    等 一 等！   *Warte mal!*
    Děng yi děng!

Bei einem VO-Verb verdoppelt man nur den verbalen Bestandteil. Auch hier kann 一 yi eingeschoben werden.

                照照 相！
    我们 先   zhàozhào xiàng!   *Laß uns zuerst mal fotografieren!*
    Wǒmen xiān 照 一 照 相！
                   zhào yi zhào xiàng!

Bei einem Verb, das aus Verb + Verb besteht, darf die Form mit 一 yi nicht verwendet werden.

    我 想 参观 参观 你们 的   *Ich möchte gerne mal eure Firma*
    Wǒ xiǎng cānguān cānguān nǐmen de *besichtigen.*
    公司
    gōngsī.

Bei einer abgeschlossenen Handlung wird die Verdoppelungsform nur bei einem einsilbigen Verb oder einem VO-Verb verwendet. 了 le steht zwischen den verdoppelten Silben.

    我 没 买 丝绸, 只 看 了 看.   *Ich habe keine Seide gekauft. Ich*
    Wǒ méi mǎi sīchóu, zhǐ kàn le kàn. *habe sie nur mal angesehen.*

c) 一下 yíxià

Wenn das Verb ohne Objekt steht oder wenn das Objekt eine Sachbezeichnung ist, folgt 一下 yíxià auf das Verb.

    等 一下！   *Warte mal!*
    Děng yíxià!

    我 先 看 一下 地图.   *Ich schaue zuerst einmal die Kar-*
    Wǒ xiān kàn yíxià dìtú.   *te an.*

Ist das Objekt eine Personenbezeichnung, kann 一下 yíxià auch hinter dem Objekt stehen, solange es nicht sehr lang oder sehr erweitert ist.

我 去	问 一下 服务员.	Ich gehe mal den Kellner fragen.
Wǒ qù	wèn yíxià fúwùyuán.	
	问 服务员 一下.	
	wèn fúwùyuán yíxià.	

aber:

> 我 可以 问 一下 我 昨天
> Wǒ kěyǐ wèn yíxià wǒ zuótiān
> 认识 的 那 个 记者.
> rènshi de nà ge jìzhě.

Ich kann mal den Journalisten, den ich gestern kennengelernt habe, fragen.

Bei einem VO-Verb steht 一下 yíxià hinter dem verbalen Bestandteil.

> 我 还 想 游 一下 泳.
> Wǒ hái xiǎng yóu yíxià yǒng.

Ich möchte gerne noch ein bißchen schwimmen.

Die Vollendungspartikel 了 le steht hinter dem Verb bzw. dem verbalen Bestandteil eines VO-Verbs.

我 只	看 了 一下.	Ich habe nur kurz mal geschaut.
Wǒ zhǐ	kàn le yíxià.	
	游 了 一下 泳.	Ich bin nur mal kurz geschwommen.
	yóu le yíxià yǒng.	

5. 几楼 **jǐ lóu**; 几号 **jǐ hào**

几楼 jǐ lóu bedeutet *welche Etage*. Mit 几号 jǐ hào fragt man nach einer Nummer. Ab einer dreistelligen Zahl wird eine Nummer Ziffer für Ziffer gelesen.

> 请问, 图书馆 在 几 楼?
> Qǐngwèn, túshūguǎn zài jǐ lóu?

In welcher Etage ist die Bibliothek, bitte?

> 你 的 房间 几 号?
> Nǐ de fángjiān jǐ hào?

Welche Nummer hat Ihr Zimmer?

> 五 零 二 六 号.
> Wǔ líng èr liù hào.

Nr. 5026.

第十一课 Lektion 11

6. Anrede: 小 xiǎo + Familienname; 师傅 shīfu

Gute Bekannte, die ungefähr gleich alt sind, reden einander oft mit 小 xiǎo *klein* + Familiennamen an, z.B. 小李 Xiǎo Lǐ, 小张 Xiǎo Zhāng. So redet eine ältere Person auch einen ihr vertrauten jüngeren bzw. jungen Menschen an.

Mit 师傅 shīfu wird Dienstpersonal verschiedener Arbeitsbereiche angeredet: Verkäufer, Schaffner, Reinemachefrau, Schalterbeamter, Hausmeister usw.

11D Übungen

1. *Unterstreichen Sie die Substantive, die durch Attribute bestimmt werden, und übersetzen Sie die Sätze ins Deutsche:*
   a) Yǒu xióngmāo de dòngwùyuán bù duō.
   b) Nǐ kàn le nǐmen dìng de fángjiān ma?
   c) Wǒmen míngtiān yào kàn de diànyǐng shi Fǎguó diànyǐng.
   d) Wǒ yào mǎi de zìdiǎn méi yǒu le.
   e) Lái Xī'ān yóulǎn de rén hěn duō.
   f) Nǐ zuótiān wǎnshang zài Sìchuān Fàndiàn rènshi de nà ge jìzhě shi Měiguórén ma?
   g) Wǒmen shàngwǔ shàng de kè hěn yǒu yìsi.

2. *Übersetzen Sie. Achten Sie auf die Attribute, die ein Verb enthalten:*
   a) Chinesen, die gerne Kaffee trinken, gibt es nicht viele.
   b) Das Geld, das wir gewechselt haben, heißt Rénmínbì.
   c) Wie heißt die Stadt, in die ihr fahren wollt?
   d) Die Dinge, die wir hier lernen, sind interessant.
   e) Wir fahren mit dem Auto, das Dàwèi gestern gemietet hat, nach Tiānjīn.
   f) Wer war der Mann/Mensch, der dich (hierher) begleitet hat?
   g) Ich suche den Regenschirm, den ich gestern auf dem Markt gekauft habe.
   h) Sie ist nicht alleine gekommen. Sie ist mit einem Freund, der mit Familiennamen Liú heißt, gekommen.

3. Betrachten Sie die Zeichnungen und ergänzen Sie jeweils das richtige Positionswort:

Beispiel: Nuǎnshuǐpíng zài zhuōzi <u>shàngmian</u>.

a) Māo zài zhuōzi ... .

b) Yǎnjìng zài nuǎnshuǐpíng ... .

c) Shū zài nuǎnshuǐpíng ... .

d) Zìxíngchē zài qìchē ... .

e) Yǔsǎn zài xiézi ... .

f) Xiézi zài yǔsǎn ... .

g) Yàoshi zài píbāo ... .

4. Setzen Sie die vorgegebenen Ortsangaben ein:

a) Xiǎotíqín zài
 - ... . (dort)
 - ... . (auf dem Tisch)
 - ... . (beim Tisch)

b) Wǒ děi qù
 - ... ná fēijī piào. (Reisebüro)
 - ... (zu Herrn Dèng)

c) Tā zhùzài
 - ... . (in der Nähe)
 - ... . (in der Nähe von Frankfurt)
 - ... . ((hier) bei uns)
 - ... . (uns gegenüber)

d) Ānlì jīntiān zài
 - ... (in der Mensa)
 - ... chī wǔfàn. (bei Lìlì zu Hause)
 - ... (bei Lìlì)

第十一课 Lektion 11

e)
Xiězi zài ... . (an der Tür)
... . (unter dem Bett)
... . ((dort) beim Bett)

f)
Wǒmen zài ... jiànmiàn. (in der Post)
... (drinnen in der Post)
... (draußen vor der Post)
... (am Eingang der Post)

5. *Antworten Sie auf die Fragen und weisen Sie dabei mit* 就 jiù *auf die unmittelbare Nähe des Ortes hin:*

Beispiel: Pīngpángqiú zài nǎr?
(dort) Pīngpángqiú jiù zài nàr.

a) Wǒ de yǎnjìng zài nǎr? (auf dem Tisch)
b) Nǐ jiā zài nǎr? (in dieser Straße)
c) Nǎr yǒu bǎihuò shāngdiàn? (die Straße da vorne)

6. *Übersetzen Sie:*
a) Warte mal! Ich gehe nach draußen und schaue mal nach.
b) Am besten gehst du ihn mal fragen.
c) Darf ich kurz mal Ihren Regenschirm benutzen?
d) Wir möchten gerne mal eure Bibliothek besichtigen.
e) Xiǎo Zhāng möchte noch nicht (weg)gehen. Er möchte noch ein bißchen fotografieren.
f) Am Vormittag habe ich nur kurz mal die Schriftzeichen, die wir gestern gelernt haben, geschrieben.

7. *Fragen Sie (A) einen Hotelgast (B), in welcher Etage dieser wohnt und welche Nummer sein Zimmer hat. B antwortet.*

Lektion 12 第十二课

上车 shàngchē   上公共汽车 shàng gōnggòng qìchē

第十二课 *Lektion 12*
Dì shí'èr kè

12A Text

1. Ānlì ist diese Woche zum ersten Mal in Nánjīng. Sie muß mehrmals nach dem Weg fragen.

   A = Ānlì
   B = Passant

   Ānlì fragt nach dem Weg zur Mòchóu-Straße.

   A: 请问，到 莫愁 路 怎么 走?
      Qǐngwèn, dào Mòchóu Lù zěnme zǒu?
   B: 你 要 走路啊! 走路 很 远.
      Nǐ yào zǒulù a! Zǒulù hěn yuǎn.

第十二课 Lektion 12

A: 要 走 多 久?
Yào zǒu duō jiǔ?

B: 从 这儿 走 要 半 个 钟头. 你 坐车 吧!
Cóng zhèr zǒu yào bàn ge zhōngtou. Nǐ zuòchē ba!

A: 是 不 是 坐 电车?
Shì bu shi zuò diànchē?

B: 电 车 也 到 那 儿, 不过 要 换车, 不如 坐 公共 汽车.
Diànchē yě dào nàr, búguò yào huànchē, bùrú zuò gōnggòng qìchē.

A: 坐 几 路?
Zuò jǐ lù?

B: 坐 三 路.
Zuò sān lù.

A: 在 哪儿 上车?
Zài nǎr shàngchē?

B: 车站 在 前面. 往 前 走, 过 一 条 马路, 就 到 了.
Chēzhàn zài qiánmian. Wàng qián zǒu, guò yì tiáo mǎlù, jiù dào le.

A: 在 哪 站 下车?
Zài nǎ zhàn xiàchē?

B: 就 在 莫愁 路站 下.
Jiù zài Mòchóu Lù zhàn xià.

Ānlì sucht eine Post.

A: 对不起, 你 知 不 知道 哪儿 有 邮局?
Duìbuqǐ, nǐ zhī bu zhīdao nǎr yǒu yóujú?

B: 中山 路 有.
Zhōngshān Lù yǒu.

A: 路 远 不 远?
Lù yuǎn bu yuǎn?

B: 不 太 远. 你 先 往 前 走, 到 了 十字 路口, 往 左 拐, 再 往 前 走, 到 了 第 二 个 红绿灯, 往
Bú tài yuǎn. Nǐ xiān wàng qián zǒu, dào le shízì lùkǒu, wàng zuǒ guǎi, zài wàng qián zǒu, dào le dì èr ge hónglùdēng, wàng

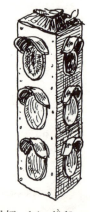

红绿灯 hónglǜdēng

右 拐, 再 走 三, 四 分钟, 就 到 了.
yòu guǎi, zài zǒu sān, sì fēnzhōng, jiù dào le.

A: 邮局 中午 是 不 是 也 开门?
Yóujú zhōngwǔ shì bu shi yě kāimén?

B: 对. 他们 中午 不 休息.
Duì. Tāmen zhōngwǔ bù xiūxi.

A: 好. 谢谢!
Hǎo. Xièxie!

B: 不 谢!
Bú xiè!

夫子庙好不好玩? Fūzǐ Miào hǎo bu hǎowán?

2. Ānlì (B) fährt mit dem Taxi zum Konfuzius-Tempel. Der Taxifahrer (A) unterhält sich mit ihr.

A: 你 是 不 是 留学生?
Nǐ shì bu shi liúxuésheng?

B: 是 的. 我 在 北京 学习.
Shì de. Wǒ zài Běijīng xuéxi.

A: 啊, 你 是 从 北京 来 的! 欢迎, 欢迎!
A, nǐ shi cóng Běijīng lái de! Huānyíng, huānyíng!

B: 谢谢! 我 第 一 次 到 南京 来. 可惜 只 能 待 一
Xièxie! Wǒ dì yī cì dào Nánjīng lái. Kěxī zhǐ néng dāi yí
个 星期. 听说 南京 好玩的 地方 很 多, 是 不 是?
ge xīngqī. Tīngshuō Nánjīng hǎowán de dìfang hěn duō, shì bu shi?

第十二课 Lektion 12

A: 可 不 是! 明孝陵 你 游览 了 没有?
   Kě bú shi! Míngxiàolíng nǐ yóulǎn le méiyǒu?
B: 还 没有. 我 后天 去.
   Hái méiyǒu. Wǒ hòutiān qù.
A: 你 知道 不 知道 怎么 去?
   Nǐ zhīdao bu zhīdao zěnme qù?
B: 我 的 一 个 朋友 陪 我 去. 他 是 南京人.
   Wǒ de yí ge péngyou péi wǒ qù. Tā shi Nánjīngrén.
A: 今天 天气 这么 好, 去 夫子庙 的 人 一定 很 多.
   Jīntiān tiānqì zhème hǎo, qù Fūzǐ Miào de rén yídìng hěn duō.
B: 在 那儿 我 只 想 待 一 个 小时. 你 能 不 能 等
   Zài nàr wǒ zhǐ xiǎng dāi yí ge xiǎoshí. Nǐ néng bu néng děng
   我? 我 还 要 去 南京 博物馆.
   wǒ? Wǒ hái yào qù Nánjīng Bówùguǎn.
A: 行, 没 问题.
   Xíng, méi wèntí.

Vokabeln

dào + Ort	到 + Ort	zu einem Ort gehen/kommen/fahren; bis + Ort
dào... zěnme zǒu	到...怎么走	wie kommt man zu Fuß zu/nach ...
lù	路	Straße, Weg (ZEW: 条 tiáo); Wegstrecke (ZEW: 段 duàn)
zǒulù (VO)	走路	zu Fuß gehen
yuǎn	远	weit
yào	要	erforderlich sein, müssen
duō jiǔ	多久	(zeitlich) wie lange
jiǔ	久	(zeitlich) lange
cóng	从	von, aus
bàn (+ZEW)	半	halb
zhōngtou	钟头	Stunde
zuòchē (VO)	坐车	fahren
búguò	不过	allerdings, aber
huànchē (VO)	换车	(Bus usw.) umsteigen
huàn + Verkehrsmittel	换 + Verkehrsmittel	in ein Verkehrsmittel umsteigen
X lù	X 路	(Bus usw.) Linie X
jǐ lù	几路	(Bus usw.) welche Linie
shàngchē (VO)	上车	(Bus usw.) einsteigen
shàng + Verkehrsmittel	上 + Verkehrsmittel	(Bus usw.) in ein Verkehrsmittel einsteigen
chēzhàn	车站	Haltestelle
wàng + Richtung	往 + Richtung	in Richtung
wàng qián zǒu	往前走	geradeaus gehen
guò	过	überqueren
mǎlù	马路	asphaltierte Straße (ZEW: 条 tiáo)
..., jiù dào le.	..., 就到了.	..., dann ist man da.
zhàn (-ZEW)	站	(Bus usw.) Station; Haltestelle
nǎ zhàn	哪站	welche Haltestelle
xiàchē	下车	(Bus usw.) aussteigen
xià + Verkehrsmittel	下 + Verkehrsmittel	aus einem Verkehrsmittel aussteigen
X zhàn	X 站	Haltestelle X; X Station(en)
shízì lùkǒu	十字路口	(Verkehr) Kreuzung
guǎi	拐	abbiegen
wàng zuǒ guǎi	往左拐	links abbiegen
hóng	红	rot
lǜ	绿	grün

第十二课 Lektion 12

dēng	灯	*(elektrisches) Licht; Lampe*
hónglǜdēng	红绿灯	*Ampel*
zài	再	*dann noch, weiterhin noch*
fēnzhōng *(-ZEW)*	分钟	*(Zeitdauer) Minute*
zhōngwǔ	中午	*Mittag; mittags; am Nachmittag*
kāi	开	*(etw.) aufmachen*
kāimén *(VO)*	开门	*(Geschäft usw.) aufmachen*
xiūxi	休息	*sich ausruhen; Pause machen*
bú xiè	不谢	*nichts zu danken*
liúxuéshēng	留学生	*im Ausland Studierender*
huānyíng	欢迎	*willkommen; willkommen heißen*
cì *(-ZEW)*	次	*Mal*
dì yī cì	第一次	*das erste Mal; zum ersten Mal*
dào + Ort + Verb	到 + Ort + Verb	*zu/nach + Ort + Verb*
kěxī	可惜	*leider; schade*
dāi	待	*sich aufhalten, bleiben*
tīng	听	*(zu)hören*
tīngshuō	听说	*vom Hörensagen; wie man hört*
wán	玩	*spielen, sich vergnügen, sich die Zeit vertreiben*
hǎowán	好玩	*amüsant und interessant, etw. macht viel Spaß*
dìfang	地方	*Ort; Stelle*
tiānqì	天气	*Wetter (ZEW: Art* 种 *zhǒng)*
zhème	这么	*dermaßen, so (sehr)*
miào	庙	*Tempel*
yídìng	一定	*mit Sicherheit, bestimmt*
xiǎoshí *(mit oder ohne ZEW)*	小时	*Stunde*
wèntí	问题	*Frage; Problem*
méi wèntí	没问题	*kein Problem*
Mòchóu Lù	莫愁路	*Mòchóu-Straße*
Zhōngshān Lù	中山路	*Zhōngshān-Straße*
Míngxiàolíng	明孝陵	*Míng-Grab (Grab des ersten Kaiserpaars der Míng-Dynastie in Nánjīng)*
Nánjīng	南京	*Nanking*
Fūzǐ Miào	夫子庙	*Konfuzius-Tempel*

12B Mustersätze

1. **Positiv-Negativ-Fragen**
   a) Tā shì bu shi Wáng Lǎoshī de dìdi? — *Ist er der (jüngere) Bruder von Lehrerin Wáng?*
   b) Tāmen yǒu méi you háizi? — *Haben Sie Kinder?*
   c) Tā dài bu dài yǎnjìng? — *Trägt sie eine Brille?*
   d) Chēzhàn yuǎn bu yuǎn? — *Ist die Haltestelle weit?*
   e) Nǐ néng bu néng lái? — *Können Sie kommen?*
   f) Nǐ rèn bu rènshi / rènshi bu rènshi tā àiren? — *Kennst du seine Frau?*
   g) Xiànzài shì bu shi qī diǎn? — *Ist es jetzt 7 Uhr?*
   h) Hòutiān shì bu shi bā hào? — *Ist übermorgen der 8.?*
   i) Xiǎolóng qǐchuáng le méiyǒu? — *Ist Xiǎolóng aufgestanden?*
   j) Nǐ zū chē le méiyǒu? — *Hast du ein Auto gemietet?*
   k) Nǐ mǎi le zhème duō dōngxi! Mǎi le kāfēi méiyǒu? — *Du hast soviel eingekauft! Hast du Kaffee gekauft?*
   l) Nǐ wèn le tā de míngzi méiyǒu? — *Hast du nach seinem Namen gefragt?*
   m) Shì bu shi **nǐ** ná le wǒ de zìdiǎn? — *Hast **du** mein Wörterbuch genommen?*
   n) Nǐ shì bu shi wèn **wǒ**? — *Fragen Sie **mich**?*
   o) Nǐmen shì bu shi **yìqǐ** qù? — *Geht ihr **zusammen**?*
   p) Nǐmen shì bu shi **zài zhèr** rènshi de? — *Habt ihr euch **hier** kennengelernt?*

2. **Vergewisserungsfragen**
   a) Nǐ shì bu shi xiǎng qù? — *Du möchtest gerne hingehen, nicht wahr?*
   b) Xiǎolóng hái méi huílai, shì bu shi? — *Xiǎolóng ist wohl noch nicht zurückgekommen?*
   c) Shì bu shi wǒmen xiàwǔ méi kè? — *Wir haben am Nachmittag doch keinen Unterricht, oder?*

3. **Unpersönliches Subjekt**
   a) Zài zhè ge bówùguǎn bù kěyǐ zhàoxiàng. — *In diesem Museum darf man nicht fotografieren.*
   b) Guò mǎlù děi xiān kàn hónglǜdēng. — *Beim Überqueren der Straße muß man zuerst nach der Ampel schauen.*

第十二课 Lektion 12

4. **Verb oder Satzteil mit Verb als Subjekt**
   a) Lǚxíng hěn guì.　　　　　　　　　Reisen ist teuer.
   b) Xiě Zhōngwén xìn nán bu nán?　　Ist es schwierig, Briefe auf chinesisch zu schreiben?
   c) Gēn tā liáotiān méi yǒu yìsi.　　　Es ist langweilig, sich mit ihm zu unterhalten.

5. **Sätze mit Thema und Kommentar**
   a) Tā péngyou hěn duō.　　　　　　Er hat viele Freunde.
   b) Zhèr tiānqì tèbié hǎo.　　　　　　Hier ist das Wetter besonders gut.
   c) Zhè zhǒng shìqing wǒ bú zuò.　　So etwas mache ich nicht.
   d) Qù tā jiā děi zuò wǔ lù diànchē.　Zu ihm (nach Hause) muß man mit der Straßenbahn Linie 5 fahren.
   e) Zài Nánjīng wǒ zhào le hěn duō xiàng.　In Nánjīng habe ich viel fotografiert.

6. 怎么 **zěnme + Verb**
   a) Dào Xīnhuá Shūdiàn zěnme zǒu?　　Wie kommt man (zu Fuß) zur Xīnhuá-Buchhandlung?
   b) Zhè ge cài nǐ zěnme zuò?　　　　　Wie bereiten Sie dieses Gericht zu?
   c) Zhè ge zì zěnme xiě?　　　　　　　Wie schreibt man dieses Schriftzeichen?

7. 从 **cóng**, 到 **dào**, 往 **wàng**
   a) Nǐ shi cóng nǎr lái de?　　　　　　Woher kommen Sie? / Woher kommen Sie gerade?
   b) Cóng zhèr dào huǒchēzhàn bù yuǎn le.　Von hier bis zum Bahnhof ist es nicht mehr weit.
   c) Jǐ lù chē dào Míngxiàolíng?　　　　Welche Linie fährt zum Míng-Grab?
   d) Xiǎolóng dào wàimian qù le.　　　　Xiǎolóng ist nach draußen gegangen.
   e) Nǐ xiān wàng qián zǒu, dào le hónglǜdēng, wàng zuǒ guǎi, jiù dào le.　Gehen Sie zuerst geradeaus, an der Ampel biegen Sie links ab, dann sind Sie da.

8. **Nach dem Weg fragen**
   a) Qǐngwèn, dào Xīdān Shāngchǎng zěnme zǒu?　Entschuldigen Sie, wie kommt man (zu Fuß) zum Xīdān-Kaufhaus?

Xiān wàng qián zǒu, dào le shízì lùkǒu, wàng yòu guǎi, zài guò yì tiáo mǎlù, jiù dào le.

Gehen Sie zuerst geradeaus, an der Kreuzung biegen Sie rechts ab. Überqueren Sie noch eine Straße, dann sind Sie da.

b) Qǐngwèn, dào Nánjīng Dàxué zěnme qù?

Entschuldigen Sie, wie kommt/fährt man zur Nánjīng-Universität?

Nǐ kěyi zuò shísān lù diànchē, búguò yào huànchē, zài Zhōngshān Lù huàn bā lù gōngòng qìchē.

Sie können die Straßenbahn Linie 13 nehmen. Sie müssen allerdings umsteigen. Sie steigen in der Zhōngshān-Straße in den Bus Linie 8 um.

Zài nǎ zhàn xiàchē?

An welcher Haltestelle steige ich aus?

Zài Zhūjiāng Lù zhàn xià.

An der Haltestelle Zhūjiāng-Straße steigen Sie aus.

9. Angabe der Zeitdauer

a) Cóng zhèr dào Běijīng Fàndiàn yào zǒu duō jiǔ?

Wie lange muß man von hier bis zum Běijīng-Hotel laufen?

b) Zài Guǎngzhōu wǒ zhǐ dāi le liǎng ge zhōngtou.

In Guǎngzhōu bin ich nur 2 Stunden geblieben.

c) Wǒ zài zhèr gōngzuò le shí nián le.

Ich arbeite seit 10 Jahren hier.

12C Grammatik

1. Positiv-Negativ-Frage

Außer mit 吗 ma kann man eine Entscheidungsfrage auch bilden, indem man – je nachdem, nach welchem Satzglied gefragt wird – das Prädikat in der bejahten und verneinten Form nebeneinanderstellt oder 是不是 shì bu shi verwendet. Diese Art von Entscheidungsfrage wird Positiv-Negativ-Frage genannt. Sie ist weniger formell als eine Frage mit 吗 ma und wird daher im Alltag öfter gebraucht.

a) Bezieht sich die Frage auf die Kopula, das Verbalprädikat, das Adjektivprädikat oder das Modalverb, wird die jeweilige verneinte Form hinter die bejahte gestellt. Hier wird das Negationswort 不 im schwachen Ton bu gesprochen; 是不是 liest man shì bu shi und 有没有 yǒu méi you.

第十二课 Lektion 12

这 是 不 是 莫愁 路?   *Ist das hier die Mòchóu-Straße?*
Zhè shì bu shi Mòchóu Lù?

你 有 没 有 邮票?   *Hast du Briefmarken?*
Nǐ yǒu méi you yóupiào?

他 今天 来 不 来?   *Kommt er heute?*
Tā jīntiān lái bu lái?

公共 汽车 站 远 不 远?   *Ist die Bushaltestelle weit?*
Gōnggòng qìchē zhàn yuǎn bu yuǎn?

她 会 不 会 说 日文?   *Kann sie Japanisch sprechen?*
Tā huì bu huì shuō Rìwén?

Beachten Sie, daß bei einem zweisilbigem Wort der bejahte Teil entweder nur aus der ersten Silbe oder aus dem ganzen Wort bestehen kann.

你起不起来? / 你起来不起来?   *Stehst du auf?*
Nǐ qǐ bu qǐlai? / Nǐ qǐlai bu qǐlai?

你觉得这好不好看? /   *Findest du das hübsch?*
Nǐ juéde zhè hǎo bu hǎokàn? /
你觉得这好看不好看?
Nǐ juéde zhè hǎokàn bu hǎokàn?

b) Beim Nominalprädikat verwendet man 是 不 是 shì bu shi. Es steht vor dem Nominalprädikat.

今天 是 不 是 星期 二?   *Ist heute Dienstag?*
Jīntiān shì bu shi xīngqī èr?

c) Es gibt mehrere Möglichkeiten zu fragen, ob ein Sein bzw. Geschehen abgeschlossen ist. Eine Möglichkeit ist, das Prädikat mit der Vollendungspartikel 了 le und das Negationswort 没有 méiyǒu nebeneinander zu stellen.

你 朋友 走 了 没有?   *Ist dein Freund gegangen?*
Nǐ péngyou zǒu le méiyou?

了 le steht hinter einem einfachen Objekt bzw. dem Bestandteil des Objekts eines VO-Verbs. Soll das Objekt hervorgehoben werden, steht 了 le vor diesem.

你 吃 饭 了 没 有?   *Haben Sie gegessen?*
Nǐ chīfàn le méiyǒu?

你 关 门 了 没 有?   *Hast du die Tür zugemacht?*
Nǐ guān mén le méiyǒu?

你 关 了 门 没 有?   *Hast du die **Tür** zugemacht?*
Nǐ guān le mén méiyǒu?

Bei einem näher bestimmten Objekt steht 了 le unmittelbar hinter dem Verb.

你 看 了 二 楼 的 房 间 没 有?   *Hast du die Zimmer in der 3. Eta-*
Nǐ kàn le èr lóu de fángjiān méiyǒu?   *ge angeschaut?*

了 le wird sehr häufig auch ausgelassen, wenn das Verb ein VO-Verb ist, einen Verbzusatz hat (z.B. huí**lai** *zurückkommen*) oder ein Objekt hinter sich hat.

d) 是不是 shì bu shi

Wenn nicht oder nicht nur nach dem Prädikat gefragt wird, verwendet man 是不是 shì bu shi. Es steht vor dem erfragten Satzglied, z.B. vor dem Subjekt oder dem Adverbial.

是 不 是 你 来 接 我?   *Holst **du** mich ab?* (d.h. oder je-
Shì bu shi nǐ lái jiē wǒ?   mand anders?)

博物馆 中午 是 不 是 也   *Hat das Museum mittags **auch***
Bówùguǎn zhōngwǔ shì bu shi yě   *auf?*
开门?
kāimén?

你 是 不 是 坐 火 车 回 来 的?   *Bist du **mit dem Zug** zurückge-*
Nǐ shì bu shi zuò huǒchē huílai de?   *kommen?* (d.h. oder z.B. mit dem
     Flugzeug?)

Ist das Objekt das erfragte Satzglied, steht 是不是 shì bu shi vor dem Prädikat.

第十二课 Lektion 12

我 订 房间 了. Wǒ dìng fángjiān le.	Ich habe Zimmer bestellt.
你 是 不 是 订 了 三 间? Nǐ shì bu shi dìng le sān jiān?	Haben sie **drei** bestellt?

2. Vergewisserungsfrage mit 是不是 shì bu shi

Entscheidungsfragen können generell mit 是不是 shì bu shi gestellt werden, wenn man dabei eher eine bejahende Antwort erwartet. 是不是 shì bu shi kann vor dem erfragten Satzglied stehen oder, wenn der ganze Satz in Frage gestellt wird, am Satzende oder am Satzanfang stehen.

这 种 丝绸 是 不 是 很 贵? Zhè zhǒng sīchóu shì bu shi hěn guì?	Diese Art von Seide ist wohl sehr teuer?
小龙 是 不 是 去 睡觉 了? Xiǎolóng shì bu shi qù shuìjiào le?	Xiǎolóng ist schlafen gegangen, oder?
你 夜里 才 回来 的, 是 不 是? Nǐ yèli cái huílai de, shì bu shi?	Du bist erst in der Nacht zurückgekommen, nicht wahr?
是 不 是 你 没 钱 了? Shì bu shi nǐ méi qián le?	Du hast wohl kein Geld mehr, was?

3. Verb oder Satzteil mit Verb als Subjekt

Ein Verb oder ein Satzteil, der ein Verb enthält, kann als Subjekt auftreten. Es handelt sich meist um Sätze mit Adjektivprädikat oder Kopula. Sie werden im Deutschen oft durch unpersönliche Konstruktionen wiedergegeben (z.B. Es ist...) oder durch einen Infinitiv mit „zu" in Subjektfunktion.

照相 不 难. Zhàoxiàng bù nán.	Fotografieren ist nicht schwer.
买 菜 是 你 的 事情. Mǎi cài shi nǐ de shìqing.	Es ist deine Sache, Lebensmittel einzukaufen.
坐 出租汽车 去 太 贵. Zuò chūzū qìchē qù tài guì.	Mit dem Taxi (dahin) zu fahren ist zu teuer. / Es ist zu teuer, wenn man mit dem Taxi fährt.

在 博物馆 工作 一定 很 　Es ist bestimmt sehr interessant,
Zài Bówùguǎn gōngzuò yídìng hěn 　in einem Museum zu arbeiten.
有 意思.
yǒu yìsi.

4. Unpersönliches Subjekt: „man" im Chinesischen

Ist das Subjekt keine näher bestimmte Person, sondern unpersönlich wie „man" im Deutschen, bleibt das Subjekt im Chinesischen ungenannt.

去 夫子庙 很 远, 得 坐车.　　Zum Konfuzius-Tempel (zu kom-
Qù Fūzǐ Miào hěn yuǎn, děi zuòchē.　men) ist sehr weit. Man muß fahren.

在 这个 银行 可以 换钱 吗?　Kann man in dieser Bank Geld
Zài zhè ge yínháng kěyǐ huànqián ma?　wechseln?

5. Satz mit Thema und Kommentar

Im Chinesischen können Sätze aus Thema und Kommentar bestehen. Das Thema ist der Ausgangspunkt einer Äußerung bzw. das, worüber etwas gesagt wird. Die Aussage über das Thema wird als Kommentar bezeichnet.

Am Satzanfang steht das Thema, an das sich der Kommentar anschließt. Zwischen ihnen - ähnlich wie im deutschen Satz „Was ... betrifft, so ..." - kann man sich immer ein Komma vorstellen, auch wenn dieses oft nicht gesetzt wird.

In der Regel ist das Thema etwas Bestimmtes, bereits Erwähntes oder für die Gesprächspartner Bekanntes. Der Schwerpunkt des Satzes liegt daher auf dem Kommentar.

你 下午 做 什么　　Was machst du nachmittags?
Nǐ xiàwǔ zuò shénme?

| Thema | Kommentar |

下午　我 得 去 上课.　　Nachmittags **muß ich zum Unter-**
Xiàwǔ　wǒ děi qù shàngkè.　**richt gehen.** / Was nachmittags be-
　　　　　　　　　　　　　trifft, so muß ich zum Unterricht
　　　　　　　　　　　　　gehen.

第十二课 Lektion 12

Thema kann das Subjekt, das Objekt oder das Adverbial des Satzes sein. Es kann auch aus einem Verb, einem Satzteil mit Verb oder einem Satz bestehen. Der Kommentar enthält das Prädikat des Satzes. Häufig ist der Kommentar ein Satz mit eigenem Subjekt.

Thema	Kommentar Aussage bzw. Frage zum Thema	
他 Tā	中文 不错. Zhōngwén búcuò.	Sein Chinesisch ist ganz gut. / Was ihn betrifft, so ist sein Chinesisch ganz gut.
去 那儿 Qù nàr	得 坐 几 路 车? děi zuò jǐ lù chē?	Mit welcher Linie muß man fahren, um dahin zu kommen?
这 件 事情 Zhè jiàn shìqing	你还 不 知道 吗? nǐ hái bù zhīdao ma?	Von dieser Sache wissen Sie noch nicht?
在 中国 Zài Zhōngguó	商店 星期 天 shāngdiàn xīngqī tiān 也 开门. yě kāimén.	In China haben die Geschäfte auch sonntags offen.
他 不 能 来, Tā bù néng lái,	真 可惜! zhēn kěxī!	Daß er nicht kommen kann, ist wirklich schade!

6. 怎么 **zěnme + Verb**

Mit 怎么 zěnme + Verb fragt man, wie man etwas macht. Dabei steht oft das, was getan werden soll, als Thema am Satzanfang und 怎么 zěnme + Verb am Satzende.

这 你 怎么 吃? Zhè nǐ zěnme chī?	Wie ißt du das?
去 南京 饭店 怎么 走? Qù Nánjīng Fàndiàn zěnme zǒu?	Wie kommt man zu Fuß zum Nánjīng-Hotel?

7. 从 cóng, 到 dào, 往 wàng

a) Die Präposition 从 cóng bedeutet *von, aus*. Sie kann mit einer Ortsangabe als Adverbial vor dem Prädikat stehen.

您 是 从 哪儿 来 的？ Nín shi cóng nǎr lái de?	Woher kommen Sie? / Wo kommen Sie (gerade) her?
大卫 从 西安 回来 了． Dàwèi cóng Xī'ān huílai le.	Dàwèi ist aus Xī'ān zurückgekommen.

b) Außer der Bedeutung *ankommen* bezeichnet 到 dào + Ort eine Bewegung zu einem Zielort hin. In der Vollendungsform kann es jedoch nur *angekommen sein* bedeuten. 到 dào kann als Verb gebraucht werden.

二 路 电车 不 到 火车站． Èr Lù diànchē bú dào huǒchēzhàn.	Die Straßenbahn Linie 2 fährt nicht zum Bahnhof.

Es kann auch als Koverb gebraucht werden.

你 到 哪儿 去？ Nǐ dào nǎr qù?	Wohin gehst du?
我 到 邮局 买 邮票． Wǒ dào yóujú mǎi yóupiào.	Ich gehe zur Post und kaufe Briefmarken.

c) Die Präposition 往 wàng + Richtungsangabe bezeichnet die Richtung, in die eine Bewegung hinführt. Als Richtungsangabe werden Positionswörter wie z.B. 前面 qiánmian *vorne* oder 左边 zuǒbiān *links* in der Regel ohne 面 mian oder 边 biān gebraucht.

往 wàng + Richtungsangabe steht als Adverbial vor dem Prädikat.

往 前 走！ Wàng qián zǒu!	Gehen Sie geradeaus!
我们 现在 是 不 是 得 往 左 拐？ Wǒmen xiànzài shì bu shi děi wàng zuǒ guǎi?	Wir müssen jetzt links abbiegen, oder?

第十二课 Lektion 12

8. Nach dem Weg fragen

Folgendermaßen kann man nach dem Weg fragen:

a) Wenn man zu Fuß gehen will:

到 dào oder	怎么走?
去 qù + Zielort	zěnme zǒu?

请问, 到　中山　路怎么走?　*Entschuldigen Sie, wie kommt*
Qǐngwèn, dào Zhōngshān Lù zěnme zǒu?　*man (zu Fuß) zur Zhōngshān-Straße?*

b) Wenn man fahren will oder offen läßt, ob man zu Fuß geht oder fährt:

到 dào	怎么去?
+ Zielort	zěnme qù?

请问, 到 故宫 怎么去?　*Entschuldigung, wie kommt/fährt*
Qǐngwèn, dào Gùgōng zěnme qù?　*man zum Palast-Museum?*

9. Angabe der Zeitdauer

Während die Angabe zum Zeitpunkt (vgl. L4 C5) vor dem Prädikat steht, steht die zur Zeitdauer hinter dem Prädikat.

久 jiǔ bedeutet (zeitlich) *lange* und muß stets mit einem Adverb davor verwendet werden. Nach der Zeitdauer kann man u.a. mit 多久 duō jiǔ *wie lange* fragen.

Zur Angabe der Zeitdauer gebraucht man für *Minute* meist 分钟 fēnzhōng statt 分 fēn und für *Viertelstunde* 刻钟 kèzhōng statt 刻 kè. Für *Stunde* verwendet man 钟头 zhōngtou oder 小时 xiǎoshí. 分钟 fēnzhōng und 刻钟 kèzhōng werden ohne, 钟头 zhōngtou dagegen mit Zähleinheitswort benutzt. 小时 xiǎoshí kann mit oder ohne Zähleinheitswort stehen.

Das Modalverb bzw. Verb 要 yào, das neben *wollen* auch *erforderlich sein* oder *müssen* bedeutet, wird häufig gebraucht, um auszudrücken, wieviel Zeit für die Durchführung einer Handlung benötigt wird.

Beachten Sie, daß zwischen dem Verb und der Angabe der Zeitdauer kein Objekt stehen darf. Die folgenden Beispiele beschränken sich auf Sätze ohne Objekt.

你 在 南京 要 待 多 久?　*Wie lange wollen Sie in Nánjīng*
Nǐ zài Nánjīng yào dāi duō jiǔ?　*bleiben?*

到 火车站 要 走 一 刻钟. *Zum Bahnhof muß man eine Vier-*
Dào huǒchēzhàn yào zǒu yí kèzhōng. *telstunde laufen.*

坐飞机 到 伦敦 要 几个 小时? *Wie viele Stunden braucht man,*
Zuò fēijī dào Lúndūn yào jǐ ge xiǎoshí? *um nach London zu fliegen?*

Ist ein Sein bzw. Geschehen bereits beendet, steht 了 le nur einmal hinter dem Prädikat. Steht 了 le noch zusätzlich am Satzende, so dauert der Zustand oder die Handlung noch an.

我们 等 了 两 个 钟头. *Wir haben 2 Stunden gewartet.*
Wǒmen děng le liǎng ge zhōngtou.

我们 等 了 两 个 钟头 了. *Wir haben schon 2 Stunden gewar-*
Wǒmen děng le liǎng ge zhōngtou le. *tet. / Wir warten schon seit 2 Stun-*
den.

12D Übungen

1. *Verwandeln Sie die Fragen mit* 吗 *ma in Positiv-Negativ-Fragen. Das zu Erfragende ist unterstrichen:*

   a) Tā <u>shi</u> Liú Shīfu ma?   b) Nǐ dìng de fángjiān <u>yǒu</u> línyù ma?   c) Ānlì <u>zài</u> ma? d) Nǐ <u>xǐhuan</u> chī jiǎozi ma?   e) Wǔ yuè de tiānqì <u>hǎo</u> ma?   f) Shànghǎi <u>hǎowán</u> ma?   g) Nǐ <u>néng</u> mǎshang lái ma?   h) Wǒ <u>kěyǐ</u> zài Mòchóu Lù huànchē ma? i) Jīntiān <u>èrshí èr hào</u> ma?   j) Zhè ge nuǎnshuǐpíng <u>bā Kuài</u> ma?   k) Chūzū qìchē <u>lái le</u> ma?   l) Tiānqì <u>hǎo le</u> ma?   m) Nǐmen <u>chīfàn</u> le ma?   n) Xiǎo Zhāng <u>shàng fēijī le</u> ma?   o) Wǒ wèn le hěn duō rén. Wèn le <u>fúwùyuán</u> ma?   p) Nǐ fānyì le <u>wǒ xiě de xìn</u> ma?   q) <u>Èrshí lù</u> diànchē dào dòngwùyuán ma?   r) Tā yǒu <u>liǎng ge háizi</u> ma?   s) Zuótiān yě xiàyǔ le ma?   t) Wǒmen <u>xiān</u> qù jiē Dàwèi ma?   u) Nǐ <u>qí zìxíngchē</u> lái de ma?

第十二课 Lektion 12

2. *Vergewissern Sie sich mit Hilfe von* 是不是 shì bu shi, *ob Ihre folgenden Annahmen stimmen. Fragen Sie einmal mit* 是不是 shì bu shi *vor dem erfragten Satzglied und einmal am Satzende:*

   Beispiel: Wú Shīfu zǒu le.
   Wú Shīfu shì bu shi zǒu le? / Wú Shīfu zǒu le, shì bu shi?

   a) Nǐ lái ná yàoshi.   b) Xiǎo Chén hěn hútu.   c) Nǐ bàba bú zài jiā.   d) Nǐmen liù yuè jiéhūn de.   e) Tāmen xià fēijī le.

3. *Füllen Sie die Lücken mit den vorgegebenen Wörtern aus. Übersetzen Sie anschließend die Sätze ins Deutsche:*

   a) ... (reisen) děi yǒu qián.
   b) ... (Chinesisch lernen) yào yǒu Zhōngwén zìdiǎn.
   c) ... (zu Fuß gehen) hěn yuǎn.
   d) ... (mit ihm zusammen zu arbeiten) hěn yǒu yìsi.
   e) Qǐngwèn, ... (zum Freundschaftsladen zu kommen) yào zuò jǐ lù chē?
   f) ... (in diesem Geschäft Seide zu kaufen) tèbié guì.

4. *Bilden Sie Sätze, indem Sie zum jeweiligen Thema den vorgegebenen Kommentar geben:*

   Beispiel: Thema   Kommentar
              heute   das Wetter ist gut
              Jīntiān   tiānqì hěn hǎo.

	Thema	Kommentar
a)	dieses Buch	ich brauche es nicht mehr
b)	Xī'ān	die historischen Stätten sind zahlreich
c)	zum Nánjīng Museum (zu kommen)	man fährt am besten mit dem Bus Linie 11
d)	in Deutschland	die Geschäfte haben sonntags nicht auf
e)	diese Straße	da gibt es zu viele Ampeln (wörtl.: die Ampeln sind zu viele)
f)	es gibt keine Bahnkarte für den Freitag mehr	das ist wirklich schlimm!
g)	meine jüngere Schwester	ihr Englisch ist recht gut
h)	diese Frage	ich finde sie nicht schwer

5. *Fragen Sie, wie man*
   a) zu Fuß zur Zhōngshān-Straße kommt.   b) zum Qínyǒng-Museum fährt.
   c) „hǎowán" übersetzt.   d) den chinesischen Namen von Mozart schreibt.
   e) Sìchuān-Speisen zubereitet.

6. *Übersetzen Sie. Achten Sie dabei auf die Wortstellung der Angaben zum Zeitpunkt bzw. zur Zeitdauer:*
   a) Ich bin um ein Uhr in der Nacht schlafen gegangen.
   b) Ich habe heute nur eine Stunde gearbeitet.
   c) Wir warten schon seit einer Stunde.
   d) Wir treffen uns um 2.20 Uhr in der Mensa, einverstanden?
   e) Wir möchten gerne zu Fuß gehen. Wie lange muß man laufen? Von hier aus muß man 20 Minuten laufen.
   f) Mit dem Bus zu uns (nach Hause) braucht man eine halbe Stunde.

7. *Geben Sie Anweisungen:*
   a) Gehen Sie geradeaus!   b) Biegen Sie links ab!   c) Biegen Sie rechts ab!
   d) Überqueren Sie zwei große Straßen!   e) Laufen Sie noch eine Viertelstunde weiter!

8. *Sie fragen einen Passanten nach dem Weg. Zeichnen Sie nach seinen Angaben die Wegbeschreibung auf:*
   Nǐ xiān wàng qián zǒu, dào le dì sān ge hónglǜdēng, wàng yòu guǎi. Zài wàng qián zǒu, dào le shízì lùkǒu, wàng zuǒ guǎi, guò yì tiáo mǎlù, zài zǒu wǔ fēnzhōng, jiù dào le.

9. *Beschreiben Sie anhand der Zeichnung den Weg:*

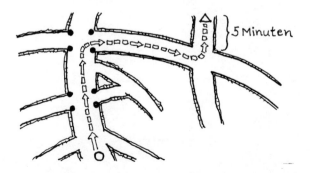

○ = Ausgangspunkt
△ = Zielort
● = Ampel

第十二课 Lektion 12

10. *Übersetzen Sie:*
   a) Wir fahren. Wir fahren mit dem Bus. Mit welcher Linie fahren wir?
   b) Wir steigen ein. Wir steigen hier ein. Wir steigen hier in die Straßenbahn ein.
   c) Sie müssen umsteigen. Sie müssen in den Bus Linie 12 umsteigen. Sie müssen in der Nähe des Zoos in den Bus Linie 12 umsteigen.
   d) Xiǎolóng ist ausgestiegen. Wo steigen wir aus? Wir steigen an der Haltestelle Gǔlóu aus. Es sind (Es gibt) noch zwei Stationen.

Wiederholungsübungen zur Grammatik

Zähleinheitswörter

Setzen Sie die vorgegebenen Wörter ein. Achten Sie neben der Verwendung richtiger Zähleinheitswörter auch darauf, wann das Zähleinheitswort nicht gebraucht wird:
a) Wǒ jiějie yǒu (drei Kinder), wǒ yǒu (eins).
b) Tā mǎi le (zwei Handtaschen, eine rote, eine grüne).
c) (Dieses Zimmer) yǒu cèsuǒ, (das da) méi yǒu.
d) Wǒ kěyǐ kànkan (die zwei Füller da) ma?
e) (Diese Dinge) shi shéi de?
f) Wǒ hái yǒu (ein paar Fragen).
g) Nǐmen jīntiān shàng le (wie viele Unterrichtsstunden)?
h) Nǐ zài Nánjīng yào dāi (wie viele Tage)?
i) Nǐmen de túshūguǎn yǒu (wie viele Bücher).
j) Qǐngwèn, Xīdān Bǎihuò Shāngchǎng zài (welche Straße)?
k) Wǒmen zuò (welche zwei Wagen) qù?
l) Wǒmen nàr méi yǒu (diese Art von Gemüse).
m) Dào huǒchēzhàn hái yǒu (vier Stationen).
n) Tā àiren hái bù zhīdao (diese Sache).
o) Nǐ xiān wàng qián zǒu, dào le (die 2. Ampel) wàng yòu guǎi, jiù dào le.
p) (Diese Briefmarke) hěn hǎokàn.
q) (Dieses Buch) yǒu (neun Lektionen).
r) Wǒ shàngwǔ xiě le (ein paar Briefe).
s) (Dieser Regenschirm) bú shi wǒ de.
t) Wǒ zài Zhōngguó dāi le (ein Jahr) le, hái yào dāi (zwei Monate).

Adverbiale

1. *Erweitern Sie die Sätze, indem Sie das in Klammern angegebene Adverb als Adverbial hinzufügen:*
   Beispiel: Tā xǐhuan nǐ.   (sehr)
                  Tā hěn xǐhuan nǐ.
   a) Tā xīngqī liù zǒu.   (erst)
   b) Nǐ hē yìdiǎnr chá!   (zuerst)
   c) Wǒ jiějie huì Fǎwén.   (auch)

d) Wǒmen zuò fēijī qù. (auch)
e) Wǒ zhùzài zhèr. (gleich/unmittelbar)
f) Tā shuō tā xiàwǔ zài jiā. (bestimmt/mit Sicherheit)
g) Wǒ xiǎng qù Xī'ān yóulǎn. (besonders)
h) Nǐ děi huílai. (sofort)
i) Nǐ xūyào shénme? (noch)
j) Wǒmen méi chīfàn. (noch)
k) Wǒ xiě le yì fēng xìn. (nur)
l) Nǐ gēn wǒ qù. (am besten)
m) Wǒmen děng jǐ fēnzhōng ba. (weiterhin, zusätzlich noch)

2. *Ergänzen Sie ein Koverb bzw. eine Präposition, um das Adverbial des Satzes (z.B. das Adverbial der Ortsangabe) zu vervollständigen:*

   Beispiel: Wǒmen bú zuò huǒchē qù.
   a) Nǐmen ... nǎr rènshi de?
      Wǒmen ... Shànghǎi rènshi de.
   b) Nǐ jiù ... qiánmian shàngchē.
   c) Nǐ àiren ... Shànghǎi huílai le ma?
   d) Tā ... Tiānjīn qù zuò shénme?
   e) Nǐ xiān ... qián zǒu, dào le hónglǜdēng ... zuǒ guǎi, jiù dào le.
   f) Dào nǐ jiā shì bu shi ... bā lù gōnggòng qìchē?
   g) Nǐ ... shéi qù kàn diànyǐng de?
   h) Wǒ ... Jiāng Xiānsheng hòutiān jiànmiàn.

3. *Bilden Sie Sätze mit den vorgegebenen Zeitausdrücken und Verben. Die Zeitausdrücke sollen als Adverbiale gebraucht werden. Beachten Sie die unterschiedliche Wortstellung der Zeitpunkt- und Zeitdauerangabe:*

   Beispiel: jīntiān, shí diǎn bàn, qǐchuáng
               Wǒ jīntiān shí diǎn bàn cái qǐchuáng de.
   a) xiàwǔ, liǎng diǎn yí kè, xīngqī wǔ, dào
   b) jǐ diǎn, guānmén
   c) duō jiǔ, děng
   d) liǎng ge zhōngtou, xiūxi

4. *Antworten Sie in vollständigen Sätzen. Halten Sie sich dabei an die in Klammern angegebenen Adverbiale. Achten Sie auf die Wortstellung:*
   Beispiel: Nǐ zài nǎr gōngzuò? (Buchhandlung)
   Wǒ zài shūdiàn gōngzuò.
   a) Tāmen shénme shíhou jiéhūn? (nächstes Jahr im Mai)
   b) Yóujú guānmén le méiyǒu? (noch nicht; erst um 18.30 Uhr)
   c) Nǐ zài nǎr děng wǒ? (gleich hier)
   d) Wǒmen zài nǎr jiànmiàn? (vor dem Bahnhof; wie wäre es?)
   e) Nǐ yí ge rén qù yóuyǒng ma? (nein; mit meiner Frau)
   f) Nǐmen zěnme qù? (mit der Straßenbahn Linie 2)
   g) Nǐ zěnme huílai de? (mit dem Fahrrad)
   h) Wǒmen xiànzài děi wàng yòu guǎi, shì bu shi? (nein; geradeaus)
   i) Nǐ shi cóng nǎr lái de? (aus Frankfurt)
   j) Nǐ shì bu shi dì yī cì dào Zhōngguó lái? (nein; zum zweiten Mal)
   k) Wǒ yǒu liǎng ge háizi, nǐ ne? (auch zwei)
   l) Nǐmen zài Xī'ān wán le duō jiǔ? (eine Woche)

Attribute

1. *Verwenden Sie das vorgegebene Attribut, um das unterstrichene Substantiv näher zu bestimmen. Achten Sie darauf, wann die Attributivpartikel* 的 *de verwendet werden muß bzw. ausgelassen wird:*
   Beispiel: Wǒ qù ná yàoshi. (wǒ; wǒ péngyou; túshūguǎn)
   Wǒ qù ná wǒ de yàoshi.
   Wǒ qù ná wǒ péngyou de yàoshi.
   Wǒ qù ná túshūguǎn de yàoshi.
   a) Wǒ zài yóujú gōngzuò. (zhèr; duìmiàn; Zhōngshān Běilù)
   b) Wǒmen jīntiān yào cānguān liǎng jiā gōngsī. (Měiguó; qìchē; diànyǐng)
   c) Wǒ zuò fēijī qù. (hòutiān; sān yuè èr hào; xīngqī liù)
   d) Wǒ hái yǒu qián. (hěn duō; yìdiǎnr; bù shǎo)
   e) Tā mǎi le yí ge píbāo. (èrshí wǔ Kuài; Fǎguó; hóng; hěn xiǎo; piányi; tèbié hǎokàn)

2. *Den unterstrichenen Teil der jeweiligen Aussage von A haben Sie nicht verstanden. Stellen Sie (B) in vollständigen Sätzen die entsprechenden Fragen:*
   Beispiel: A: Wǒ zuò jiǔ diǎn de huǒchē qù.
   B: Nǐ zuò jǐ diǎn de huǒchē qù?

a) Zhè ge chéngshì yǒu qī bǎi nián de lìshǐ.
b) Tā mèimei huì Fǎwén.
c) Wǒ mǎi le yí liàng jiǔ qiān Kuài de qìchē.
d) Zhèr wǔ yuè de tiānqì hěn hǎo.
e) Dōng-Xīnglóng Jiē de shāngdiàn hěn piányi.

3. *Übersetzen Sie:*
   a) Es gibt nicht viele Leute, die Geige spielen können.
   b) Die Geschäfte hier haben nicht die Seide, die ich haben will.
   c) Wie teuer ist das Chinesisch-Wörterbuch, das du in der Xīnhuá-Buchhandlung gekauft hast?
   d) Ich suche den Brief, den ich heute morgen übersetzt habe.
   e) Wie findest du den chinesischen Film, den wir gestern an der Uni gesehen haben?

Ortssubstantive, Positionswörter

Antworten Sie in vollständigen Sätzen. Halten Sie sich dabei an die Ortssubstantive bzw. Positionswörter in Klammern:

Beispiel: Nǐmen zài nǎr jiànmiàn?   (Uni; bei ihm zu Hause; vor dem Bahnhof)
            Wǒmen zài dàxué jiànmiàn.
            Wǒmen zài tā jiā jiànmiàn.
            Wǒmen zài huǒchēzhàn qiánmian jiànmiàn.

a) Nǐ qù nǎr?   (in die Mensa; nach hinten; hinter das Haus; zum Auto; zu Herrn Xià)
b) Fēijī piào zài nǎr?   (da; auf dem Tisch; in meiner Handtasche; bei mir)
c) Xiǎo Liú xiànzài zhùzài nǎr?   (in Shànghǎi; in der Nähe von London; bei seinem Freund zu Hause)
d) Nǐ zài nǎr děng wǒ?   (gleich hier; am Eingang; gleich an dieser Kreuzung; neben der Post in der Zhōngshān-Straße, gegenüber dem Zoo; draußen; draußen vor der Bibliothek)
e) Qǐngwèn, nǎr yǒu shūdiàn?   (vorne; in der 3. Etage)
f) Nǐ yào kàn nǎ bǎ yǔsǎn?   (den da links; den rechts von dem roten)
g) Wǒmen xiànzài zěnme zǒu?   (geradeaus; links abbiegen)

Aussagesätze

Geben Sie entsprechend den Angaben über Calvin Auskunft über sich selbst:

Calvin ...   Wǒ ...

a) Calvin xìng Grant.
b) Tā shi Měiguórén.
c) Tā èrshí qī suì.
d) Tā jiéhūn le. Tā yǒu yí ge nǚ'ér, jiào Judy. Judy cái yī suì.
e) Calvin zhùzài Pittsburgh.
f) Tā shi fānyì, zài lǚxíngshè gōngzuò. Tā de gōngzuò hěn yǒu yìsi. Tā zuò diànchē qù gōngzuò.
g) Calvin dài yǎnjìng.
h) Tā xǐhuan kàn hǎo diànyǐng, gēn péngyou liáotiān hé lǚxíng.
i) Tā huì Fǎwén. Tā Fǎwén hěn hǎo. Tā yě huì yìdiǎnr Zhōngwén.
j) Tā hěn xiǎng qù Zhōngguó xué Zhōngwén.

Verneinte Sätze

Die links angegebenen Sachverhalte gelten nicht in den rechts genannten Fällen. Vervollständigen Sie die Sätze dort entsprechend:

Beispiel: Zhè shi jiǎozi.   Nà bú shi jiǎozi.

a) Ānlì shi fānyì.   Dàwèi ...
b) Zuótiān xīngqī èr.   Jīntiān ...
c) Wǒmen de túshūguǎn yǒu Zhōngwén shū.   Tāmen de túshūguǎn ...
d) Wáng Lǎoshī de kè hěn yǒu yìsi.   Liú Lǎoshī de kè ...
e) Tā hěn máng.   Wǒ ...
f) Xiǎo Zhāng xiě de zì hěn hǎokàn.   Xiǎo Lǐ xiě de zì ...
g) Wǒ huì yóuyǒng.   Tā ...
h) Lù Shīfu xiàwǔ yǒu kòng. Tā kěyǐ lái.   Chén Shīfu ...

i) Wǒ hē kāfēi. Tāmen ...
j) Wǒ qù kàn diànyǐng. Xiǎo Lǐ ...
k) Tāmen zuò fēijī qù Xī'ān. Wǒmen ...
l) Ānlì mǎi zìdiǎn le. Mǎlì ...
m) Wǒmen shàng le dì bā kè le. Tāmen ...
n) Lǐ Nǚshì shàngwǔ zǒu de. Bái Xiānsheng ...
o) Wǒ shi zài lǚxíngshè dìng fēijī piào de. Tā ...
p) Wǒ yí ge rén lái de. Tā ...

Entscheidungsfragen

Verwandeln Sie die Fragen mit 吗 *ma in Positiv-Negativ-Fragen. Antworten Sie anschließend einmal mit „ja", einmal mit „nein":*

Beispiel: Zhè shi Yǒngdìng Lù ma?
            Zhè shì bu shi Yǒngdìng Lù?
            Shì de. / Duì.   Bú shi.

a) Jīntiān shíwǔ hào ma? b) Nǐ máng ma? c) Zhè piányi ma? d) Zhè tèbié piányi ma? e) Zhèr yǒu cèsuǒ ma? f) Tāmen zhǐ yǒu yí ge háizi ma? g) Nǐ xiǎng zhīdao ma? h) Nǐ hěn xiǎng zhīdao ma? i) Wǒ kěyǐ yòng nǐ de yǔsǎn ma? j) Nǐ àiren lái ma? k) Nǐ àiren yídìng lái ma? l) Nǐ xūyào qián ma? m) Wǒmen zài zhèr shàngchē ma? n) Wǒmen zuò wǔ lù diànchē qù ma? o) Huǒchē dào le ma? p) Tāmen shàngchē le ma? q) Nǐmen mǎi piào le ma? r) Nǐ wèn le zhè ge wèntí ma? s) Tā zài Mòchóu Lù zhàn xiàchē de ma? t) Nǐ shi cóng Tiānjīn huílai de ma?

Ergänzungsfragen

1. *Formulieren Sie Fragen, die zu den folgenden Antworten passen. Das zu Erfragende ist unterstrichen. Beachten Sie, daß das Fragepronomen bzw. der fragende Ausdruck die Wortstellung des Erfragten einnimmt:*

Beispiel: Wǒ qù jiē Lǐ Xiānsheng.
            Nǐ qù jiē shéi?

a) Zhè shi jiǎozi. b) Tā qù Zhōngguó jiāo Déwén. c) Wǒ xǐhuan kàn lìshǐ diànyǐng. d) Xiǎo Zhāng péi wǒ qù. e) Zhè shi wǒ de yǔsǎn. f) Wǒ xiǎng gēn Dàwèi xué Yīngwén. g) Wǒ míngnián sān yuè qù Měiguó. h) Wǒmen yī jiǔ bā líng nián jiéhūn de. i) Zhèr wǔ yuè de tiānqì tèbié hǎo. j) Míngtiān èrshí wǔ hào. k) Jīntiān xīngqī èr. l) Zhèr shāngdiàn bā diǎn bàn kāimén. m) Tā zài Běijīng yào dāi yì nián. n) Huǒchēzhàn zài qiánmian. o) Wǒ zài Lúndùn xuéxí. p) Cháng'ān Jiē yǒu dà yínháng. q) Tā zhùzài zhè jiān fángjiān. r) Nà liǎng ge liúxuésheng shi Déguórén. s) Zhè xiē liàozi shi sīchóu. t) Tāmen yǒu sān ge nǚ'ér. u) Nǐ zài dì sì ge hónglǜdēng wàng yòu guǎi. v) Zhè ge túshūguǎn yǒu liù qiān duō běn shū. w) Wǒ hái yǒu shíwǔ Kuài sān Máo. x) Wǒ zuòchē huílai de. y) Wǒ bù zhīdao zhè ge zì zěnme xiě.

2. *Übersetzen Sie folgende, nach Stichwörtern geordnete Fragen:*

Personenname:	a) Wie ist Ihr werter Name?
	b) Wie heißt sie (mit Familiennamen)?
	c) Wie heißt dein Freund (mit vollständigem Namen)?
Nationalität:	d) Aus welchem Land kommen Sie?
Alter:	e) Wie alt ist Ihre Mutter?
Beruf:	f) Was macht seine Frau (beruflich)?
	g) Wo arbeiten Sie?
Wohnort:	h) Wo wohnen Sie?
	i) In welcher Stadt wohnen Sie?
Uhrzeit:	j) Wie spät ist es?
Datum:	k) Den wievielten haben wir heute?
Preis:	l) Wieviel kostet die rote Handtasche da?
Zimmernummer:	m) Welche Nummer hat Ihr Zimmer?
Stockwerk:	n) In welchem Stock ist die Bibliothek, bitte?
Fragen nach dem Weg:	o) Wie kommt/fährt man zum Palast-Museum, bitte?
	p) Entschuldigen Sie, wie kommt man (zu Fuß) zum Xīdān-Kaufhaus?
Verkehrsverbindung:	q) Mit welcher Buslinie fährt man zum Bahnhof?
	r) An welcher Haltestelle muß ich aussteigen?
Wertschätzung/Beurteilung:	s) Wie ist sein Französisch?
	t) Wie finden Sie dieses Paar Schuhe?
wozu/wofür:	u) Was machen Sie hier? / Was führt Sie hierher?
	v) Wozu kaufst du das?
..., und X?	w) Ich spiele gerne Tischtennis, und Sie?

Wiederholungsübungen zur Grammatik

Aufforderungssätze

1. *Fordern Sie Ihren Freund auf, folgende Handlungen durchzuführen. Lassen Sie das Subjekt im Satz aus:*
   Beispiel: schlafen gehen
   Qù shuìjiào!
   a) die Tür aufmachen   b) (weiterhin) noch ein paar Minuten warten   c) nicht so teuere Sachen kaufen   d) nicht mehr fragen.

2. *Formulieren Sie die Aufforderungen mit Hilfe von* 吧 *ba, damit sie eher als Vorschläge aufgefaßt werden. Benennen Sie das vorgegebene Subjekt im Satz:*
   Beispiel: du, alleine hingehen
   Nǐ yí ge rén qù ba!
   a) wir, jetzt (weg)gehen   b) ihr *(2. Pers. Pl.)*, bei mir essen   c) du, nicht mehr reden.

Modalpartikel 了 le, Vollendungspartikel 了 le, (是 shi) ... 的 de - Konstruktion

Übersetzen Sie. Beachten Sie dabei, wann die Modalpartikel 了 le, die Vollendungspartikel 了 le und die Konstruktion mit (是 shi) ... 的 de zu verwenden sind:

a) A: Wir warten schon eine Viertelstunde! Der Bus kommt (immer) noch nicht.
   B: Schau, der Bus kommt!

b) A: Oje, es regnet! Am Vormittag war das Wetter noch sehr gut.
   B: Es regnet?! Dann möchte ich nicht mehr schwimmen gehen.

c) Oh, das Wetter ist gut geworden. Ich brauche deinen Regenschirm nicht mehr.

d) A: Xiǎomíng, es ist schon halb zehn. Du mußt (nun) schlafen gehen.
   B: Ich will noch mit Onkel spielen.
   A: Du hast schon drei Stunden gespielt. Geh jetzt schlafen!

e) A: Ja, ich kenne ihn. Wir haben uns 1972 in Nánjīng kennengelernt. Ich wohnte in der Mòchóu-Straße, er auch. Wir waren gute Freunde. Wir haben zusammen gearbeitet und Tischtennis gespielt. / Wir arbeiteten zusammen und spielten zusammen Tischtennis. Ist er (immer) noch Lehrer?
   B: Nein. Er hat im Mai die Arbeit gewechselt. Er ist jetzt Journalist geworden.

f) A: Hast du gegessen?
   B: Ja.
   A: Was hast du gegessen?
   B: Ich habe jiǎozi gegessen.

g) Wir sind fertig mit dem Unterricht. Wir haben heute nur zwei Unterrichtsstunden gehabt.
h) Ich habe viel fotografiert, und du?
i) A: Ich habe gefragt. Ich habe viele (Leute) gefragt.
   B: Du hast mich nicht gefragt.
   A: Ich habe dich doch schon gefragt!
j) A: Ist Xiǎolóng schon zum Unterricht gegangen?
   B: Ja.
   A: Wann ist er gegangen? Ist er um 7.30 Uhr gegangen?
   B: Nein, er ist erst um 8 Uhr gegangen.
   A: Hat er gefrühstückt?
   B: Ja. Er hat mit mir zusammen gegessen.
   A: Ist er mit Jìnhuá zusammen gegangen?
   B: Ja.

Objektsätze

Vervollständigen Sie die Sätze, indem Sie jeweils einen Objektsatz hinzufügen:
a) Wǒ zhīdao ...   b) Nǐ zhī bu zhīdao ...   c) Xuésheng wèn ...   d) Nà ge fúwùyuán wèn wǒmen ...   e) Wǒ juéde ...   f) Wǒ bàba māma shuō ...   g) Tīngshuō ...

Verb oder Satzteil mit Verb als Subjekt

Übersetzen Sie die Sätze, in denen ein Verb bzw. ein Satzteil mit Verb in Subjektfunktion am Anfang der chinesischen Sätze steht:
a) Einkaufen ist langweilig/nicht interessant.   b) Es ist nicht gut, deine Frau nicht zu fragen.   c) Es ist nicht unser Problem, kein Geld zu haben.   d) An der Haltestelle Hànkǒu-Straße auszusteigen, geht auch.   e) Es ist nicht billig, Geige zu lernen.

Sätze mit Thema und Kommentar

Bilden Sie Sätze, die mit einem Thema beginnen. Ihm folgt ein Kommentar bzw. ein Satz, der zu dem Thema etwas aussagt oder eine Frage stellt. Beachten Sie bei den folgenden Vorgaben, daß die in Klammern stehenden Wörter im Satz ausgelassen werden:

Beispiel: die Flugkarten/wir haben (sie) noch nicht bestellt
            Fēijī piào wǒmen hái méi (yǒu) dìng.
a) dieses Hotel/die Zimmer sind billig, aber nicht sauber
b) ich/(mein) Französisch ist nicht so gut wie Englisch

c) heute/das Wetter ist wirklich toll
d) dieser Regenschirm/wo hast du (ihn) gekauft?
e) wann (wir uns) treffen/wir haben (das) noch nicht abgemacht
f) in dieser Firma/ich habe (da) nur ein Jahr gearbeitet
g) (mich) mit ihm zu unterhalten/(dazu) habe ich keine Zeit
h) sein Name/wie schreibt (man ihn)?
i) zum Zoo/wie kommt (man) zu Fuß (dorthin)?
j) Xiǎo Chén will nach China fahren/hast du (davon) gehört?

Vok. = Vokabeln

A

a	啊	*Ach!*, 3A, 5A
ài	爱	*lieben*, 3A
àiren	爱人	*Ehefrau; Ehemann*, 3A
āiyo	哎哟	*Oje!*, 6A

B

ba	吧	zum Ausdruck einer freundlichen Aufforderung, 9A
bā	八	*acht*, 2A
bǎ	把	ZEW für Geige, Messer, Schlüssel usw., 2A
bàba	爸爸	*Vater*, 3A
bàba, māma	爸爸, 妈妈	*Eltern*, 3A
X bǎi	X 百	*X hundert*, 7A
bǎi wén bùrú yí jiàn	百闻不如一见	*einmal sehen ist besser als hundertmal hören*, 10A
(bǎihuò) shāngchǎng	(百货) 商场	*(größeres) Kaufhaus*, 7A
bǎihuò shāngdiàn	百货商店	*Waren-, Kaufhaus*, 4A
bàn + ZEW + Substantiv	半	*halb-* + Substantiv, 2C2, 12A
bàngōngshì	办公室	*Büro*, 2C2
běn	本	ZEW für in Buch- oder Heftform gebundene Gegenstände, z.B. Buch, Wörterbuch, Heft usw., 2C2, 11A
běnzi	本子	*Heft* (ZEW: 本 běn), 2C2
bǐ	笔	*Stift* (ZEW: 支 zhī), 4A
bié	别	*(Imperativ) nicht*, 9A
bówùguǎn	博物馆	*Museum*, 10A
Bù.	不.	*Nein.*, 1A

bù	不	Negationswort, 6A
Bù, ...	不,...	*Nein, ...* 1A
búcuò	不错	*recht gut, nicht schlecht,* 11A
búguò	不过	*allerdings, aber,* 12A
bú kèqi	不客气	*nichts zu danken,* 4A
A bùrú B	A 不如 B	*A ist B unterlegen, B ist besser als A,* 10A
Bú shi.	不是.	*Nein.,* 1A
búyòng	不用	*nicht nötig,* 8A
búyào	不要	(Imperativ) *nicht,* 9A
bú xiè	不谢	*nichts zu danken,* 12A

C

cái	才	*erst,* 6A
cài	菜	*Gemüse* (ZEW: *Sorte* 种 zhǒng), 6 Vok.
(Name einer Region) + cài	菜	*Küche* (einer Region); *Gericht,* 6A
cèsuǒ	厕所	*Toilette* (ZEW: 个 gè, 间 jiān), 2C2, 10A
chá	茶	*Tee,* 8A
chà	差	*fehlen,* 5A
chàngpiàn	唱片	*Schallplatte* (ZEW: 张 zhāng), 2C
chē	车	*Fahrzeug, Auto* (ZEW: 辆 liàng), 2 Vok.
chēzhàn	车站	*Haltestelle,* 5 Vok.
chī + *Obj.*	吃	*essen* + Obj., 6 Vok.
chīfàn *(VO)*	吃饭	*essen* (eine Mahlzeit einnehmen), 6A
chúfáng	厨房	*Küche,* 3C4
chūzū	出租	*vermieten,* 9 Vok.
chūzū qìchē	出租汽车	*Taxi* (ZEW: 辆 liàng), 2C2, 9A
chuáng	床	*Bett* (ZEW: 张 zhāng), 9 Vok.
cì *(-ZEW)*	次	*Mal,* 12A

cóng	从	von, aus, 12A

D

dǎ	打	schlagen; (Ball) spielen, 2A, 2 Vok.
dà	大	groß, 6 Vok.
dàxué	大学	Universität (ZEW: 个 gè, 所 suǒ), 6A
dāi	待	sich aufhalten, bleiben, 12A
dài	戴	(Brille, Hut usw.) tragen, 11A
dāozi	刀子	Messer (ZEW: 把 bǎ), 2C2
dào	到	ankommen, 5A
dào + Ort	到	zu einem Ort gehen/kommen/fahren, 12A
dào + Ort + Verb	到	zu/nach + Ort + Verb, 12A
dào ... zěnme zǒu	到 ... 怎么走	wie kommt man zu Fuß zu/nach, 12A
de	的	Attributivpartikel, 3A, 10A
Déguó	德国	Deutschland, 1A
Déguórén	德国人	Deutscher, 1A
Déwén	德文	Deutsch, 1C
děi	得	müssen, 5A
dēng	灯	(elektrisches) Licht; Lampe, 12 Vok.
děng	等	warten, 11A
dì	第	zur Bildung der Ordinalzahlen, 8A
dì yī cì	第一次	das erste Mal; zum ersten Mal, 12A
dìdi	弟弟	jüngerer Bruder, 5A
dìfang	地方	Ort; Stelle, 12A
dìtú	地图	Landkarte, Atlas (ZEW: Blatt 张 zhāng, Heft 本 běn), 6A
X diǎn	X 点	X Uhr, 5A
... diǎn bàn	... 点半	halb ... (Uhr), 5A

Chinesisch-deutsches Wörterverzeichnis

... diǎn chà ...	... 点 差 ...	... vor ... Uhr, 5A
... diǎn ... fēn	... 点 ... 分	... Minuten nach ... Uhr, 5A
diàn	电	Elektrizität, 5 Vok.
diànchē	电车	Straßenbahn (ZEW: 辆 liàng), 7A
diànyǐng	电影	(Kino) Film (ZEW: 个 gè, 部 bù), 5A
dìng	订	bestellen, reservieren, 8A
dōngfāng	东方	Osten, 9A
dòngwù	动物	Tier (ZEW: 个 gè, 只 zhī), 10A
dòngwùyuán	动物园	Tierpark, Zoo, 10A
dōngxi	东西	Ding, Sache (ZEW: 个 gè, 种 zhǒng); etwas (Indefinitpronomen), 7A
Duì.	对.	Ja. ; Richtig., 1A
duì	对	richtig, 1A
duì le	对了	übrigens, apropos, 9A
duìbuqǐ	对不起	Entschuldigung!, Verzeihung!, 5A
duìmiàn	对面	gegenüberliegende Seite; gegenüber, 11A
duō	多	viel, 7 Vok.
X duō dà?	X 多大?	Wie alt ist X?, 5A
duō jiǔ	多久	(zeitlich) wie lange, 12A
duōshao	多少	wie viele; wieviel, 7A
X duōshao qián?	X 多少钱?	Wieviel kostet X?, 7A

E

èr	二	zwei, 2A
èr hào	二号	der 2. (des Monats), 9A
érzi	儿子	Sohn, 2A

F

Fǎguó	法国	Frankreich, 1A
Fǎguórén	法国人	Franzose, 1A

Fǎwén	法文	*Französisch,* 1A
fàn	饭	*gekochter Reis; Speise,* 6 Vok.
fàndiàn	饭店	*Restaurant* (ZEW: 个 gè, 家 jiā), 6A
X Fàndiàn	X 饭店	*Hotel X* (in Eigennamen von Hotels) (ZEW: 个 gè, 家 jiā), 10A
fānyì	翻译	*Übersetzer; Dolmetscher; übersetzen; dolmetschen; Übersetzung,* 1A, 1C1
fángjiān	房间	*Zimmer* (ZEW: 个 gè, 间 jiān), 2C2, 8A
fángzi	房子	*Haus* (ZEW: 个 gè, 栋 dòng), 11A
fēi	飞	(Vögel, Flugzeug usw.) *fliegen,* 8A
fēijī	飞机	*Flugzeug* (ZEW: 架 jià), 8A
fēijī piào	飞机票	*Flugkarte* (ZEW: 张 zhāng), 8A
Fēn	分	kleinste Einheit der chinesischen Währung, 7A
fēn	分	*Minute,* 5A
fēnzhōng *(-ZEW)*	分钟	(Zeitdauer) *Minute,* 12A
fùjìn	附近	*in der Nähe (von); nahe,* 11A
fúwùyuán	服务员	*Bediensteter* (eines Hotels, Restaurants usw.), 10A

G

gānjìng	干净	*sauber,* 10A
gāngbǐ	钢笔	*Füller* (ZEW: 支 zhī), 4A
gè	个	ZEW z.B. für Mensch, 2A, 2C2
gēge	哥哥	*älterer Bruder,* 3A
gēn	跟	*folgen,* 7 Vok., 7C1
gēn + *Person* + *Verb*	跟	*mit jdm.* + Verb, 7A
gōnggòng	公共	*öffentlich,* 7 Vok.
gōnggòng qìchē	公共汽车	*Bus* (ZEW: 辆 liàng), 7A
gōngsī	公司	*Firma* (ZEW: 个 gè, 家 jiā), 9A

gōngzuò	工作	Arbeit; arbeiten, 3A
gǒu	狗	Hund, 2C2
gǔlǎo	古老	(historisch) alt, 10A
gǔjī	古迹	Sehenswürdigkeiten oder Stätten aus alter Zeit, 10A
guǎi	拐	abbiegen, 12A
guān	关	(Tür, Fenster usw.) schließen, zumachen, 8 Vok.
guānmén *(VO)*	关门	(Geschäfte usw.) schließen, zumachen, 8A
guānxi	关系	Beziehung, 6 Vok.
guì	贵	teuer, 3A
guò	过	überqueren, 12A

H

hái	还	noch, 8A
hái méi jiéhūn	还没结婚	noch nicht verheiratet sein, noch ledig sein, 3A
háizi	孩子	Kind, 2A
Hànyǔ	汉语	Chinesisch, 3A
huānyíng	欢迎	willkommen; willkommen heißen, 12A
hángkōng gōngsī	航空公司	Fluggesellschaft (ZEW: 个 gè, 家 jiā), 9A
hǎo	好	gut, 3A
hǎo	好	(Einverständnis) gut, schön, okay, 4A
..., hǎo ma?	好吗?	..., einverstanden/okay?, 6A
X hào	X 号	Nr. X, 10A; der X-te (des Monats), 9A
hǎokàn	好看	hübsch, schön anzusehen, 6A
hǎowán	好玩	amüsant und interessant, etw. macht viel Spaß, 12A
hē	喝	trinken, 4A

hé	和	*und*, 1A
hěn	很	*sehr*, 6A
hóng	红	*rot*, 1C1, 12 Vok.
hónglǜdēng	红绿灯	*Ampel*, 12A
hòumian	后面	*hinten; hinter*, 3C4, 11A
hòutiān	后天	*übermorgen*, 9A
hútu	糊涂	*zerstreut sein*, 6A
huàn + *Obj.*	换	*etw. wechseln, umtauschen*, 6 Vok.
huàn + *Verkehrsmittel*	换	*in ein Verkehrsmittel umsteigen*, 12A
huànchē *(VO)*	换车	*(Bus usw.) umsteigen*, 12A
huànqián *(VO)*	换钱	*(Geld) wechseln, umtauschen*, 7A
huì	会	*(erlernte Fähigkeit) können*, 9A
huílai	回来	*zurückkommen*, 9A
huǒ	火	*Feuer*, 5 Vok.
huǒchē	火车	*(Eisenbahn) Zug* (ZEW: 辆 liàng), 5A
huǒchēzhàn	火车站	*Bahnhof*, 5A

J

jǐ	几	*wie viele*, 2A
jǐ	几	*einige, ein paar*, 7A
jǐ diǎn	几点	*wieviel Uhr*, 5A
jǐ hào	几号	*der wievielte (des Monats)*, 9A
jǐ hào	几号	*welche Nummer*, 11A
jǐ lóu	几楼	*welche Etage*, 11A
jǐ lù	几路	*(Bus usw.) welche Linie*, 12A
jìzhě	记者	*Journalist*, 5A
jīzi	鸡子	*Huhn* (ZEW: 只 zhī), 2C2
jiā	家	*Familie, Zuhause*, 4A
jiā	家	ZEW für Geschäft, Restaurant, Hotel usw., 6A

jiān	间	ZEW für Zimmer, Raum usw., 2C2, 10A
jiànmiàn *(VO)*	见面	*sich treffen*, 5A
jiāo + *Obj.*	教	*unterrichten* + Obj., 1A
Jiǎo	角	*zweitgrößte Einheit der chinesischen Währung*, 7A
jiào	叫	*heißen*, 2A
X jiào shénme míngzi?	X 叫什么名字?	*Wie heißt X?*, 2A
jiāojuǎn	胶卷	(Foto) *Film* (ZEW: 卷 juǎn), 4A
jiǎozi	饺子	*chinesische Maultasche*, 9A
jiē	街	*Straße* (ZEW: 条 tiáo), 6A
jiē + *Person*	接	*jdn. abholen*, 5A
jié	节	ZEW z.B. für Unterrichtsstunde, 8A
jiéhūn *(VO)*	结婚	*heiraten*, 3A
jiéhūn le	结婚	*verheiratet sein*, 3A
jiějie	姐姐	*ältere Schwester*, 5A
jīntiān	今天	*heute*, 4A
jīngjì	经济	*Wirtschaft*, 1A
jiǔ	九	*neun*, 2A
jiǔ diǎn le	九点了	*(es ist) schon 9 Uhr*, 6A
jiǔ	久	*(zeitlich) lange*, 12C9, 12 Vok.
jiù	就	*(auf einen Ort bezogen) gleich, direkt*, 11A
..., jiù dào le.	..., 就到了.	*..., dann ist man da.*, 12A
jiùjiu	舅舅	*Onkel* (Bruder der Mutter), 9A
juǎn	卷	ZEW für Gegenstände in zusammengerollter Form, z.B. Fotofilme, 4A
juéde	觉得	*der Meinung sein, (emp)finden*, 10A

K

kāfēi	咖啡	Kaffee, 4A
kāi	开	(etw.) aufmachen, 12A
kāimén *(VO)*	开门	(Geschäft usw.) aufmachen, 12A
kàn	看	schauen; ansehen, 4A
kàn + *Person*	看	jdn. besuchen, 4A
kànfǎ	看法	Ansicht, 2C2
kè	课	Unterricht; Unterrichtsstunde (ZEW: 节 jié), 4A
kè *(-ZEW)*	课	Lektion, 8A
X kè	X 刻	X Viertelstunde, 5A
kě bú shi	可不是	(zustimmend) so ist das, in der Tat, 9A
kèqi	客气	höflich und zuvorkommend, 4 Vok.
kěxī	可惜	leider; schade, 12A
kěyǐ	可以	können; dürfen, 4A
Kuài	块	mündl. für 元 Yuán, größte Einheit der chinesischen Währung, 7A

L

lā	拉	ziehen; (Geige) spielen, 2A, 2 Vok.
lái	来	kommen, 4A
lái ná + *Obj.*	来拿	etw. abholen kommen, 4A
lǎohu	老虎	Tiger, 2C2
lǎoshī	老师	Lehrer, 1A
le	了	Vollendungspartikel, 8A
le	了	Modalpartikel, 8A
lǐmian	里面	drinnen, innen; innerhalb, in, 3C4, 11A
lìrú	例如	zum Beispiel, beispielsweise, 10A

lìshǐ	历史	(historische Entwicklung) *Geschichte*, 10A
liǎng	两	*zwei*, 2A
liǎng qiān duō nián	两千多年	*mehr als 2000 Jahre*, 10A
liàng	辆	ZEW für Fahrzeuge, 2A, 2C
liáotiān *(VO)*	聊天	*sich unterhalten, plaudern*, 9A
liàozi	料子	(Gewebe) *Stoff*, 7A
línyù	淋浴	*Dusche; duschen*, 10A
líng	零	*Null*, 2A
liù	六	*sechs*, 2A
liù diǎn bàn	六点半	*halb sieben*, 5A
liúxuésheng	留学生	*im Ausland Studierender*, 12A
X lóu	X 楼	*-tes Stockwerk*, 10A
lù	路	*Straße, Weg* (ZEW: 条 tiáo); *Wegstrecke* (ZEW: 段 duàn), 12A
X lù	X 路	(Bus usw.) *Linie X*, 12A
lǜ	绿	*grün*, 12A
lǚxíng	旅行	*reisen; Reise* (ZEW: 次 cì), 8A
lǚxíngshè	旅行社	*Reisebüro* (ZEW: 个 gè, 家 jiā), 8A

M

ma	吗	Fragepartikel zur Bildung einer Entscheidungsfrage, 1A
Mǎkè	马克	*Deutsche Mark*, 7A
mǎlù	马路	*asphaltierte Straße* (ZEW: 条 tiáo), 12A
māma	妈妈	*Mutter*, 3A
mǎi + *Obj.*	买	*etw. kaufen*, 4A
mǎi cài	买菜	*Lebensmittel einkaufen*, 6A
mǎi dōngxi	买东西	*einkaufen*, 7A
máng	忙	*beschäftigt sein, viel zu tun haben*, 6A
māo	猫	*Katze* (ZEW: 只 zhī), 10 Vok.

Máo	毛	mündl. für 角 Jiǎo, zweitgrößte Einheit der chinesischen Währung, 7A
méi	没	negiert das Verb 有 yǒu, 4A
méi (yǒu) le	没(有)了	etw. nicht mehr haben, 4A
méi guānxi	没关系	das macht nichts, nicht schlimm, 6A
méi wèntí	没问题	kein Problem, 12A
Měiguó	美国	Amerika (USA), 10A
Měiguórén	美国人	Amerikaner, 10A
mèimei	妹妹	jüngere Schwester, 3A
méi (yǒu) + Verb	没(有)	Negationswort, 8A
méiyǒu	没有	nein, 8A
měi + ZEW + Substantiv	每	jeder, jede, jedes + Substantiv, 8C2
-men	们	Suffix zur Pluralbildung der Personalpronomina, 3A
mén	门	Tür (ZEW: 个 gè, 扇 shàn, 张 zhāng), 8A
ménkǒu	门口	Eingang; an der Tür, 11A
mèng	梦	Traum, 2C2
mǐ (-ZEW)	米	Meter, 7A
miào	庙	Tempel, 12A
míngnián	明年	nächstes Jahr, 9A
míngtiān	明天	Morgen; morgen, 4A
míngtiān jiàn	明天见	Bis morgen!, 5A
míngzi	名字	(vollständiger) Name; Vorname, 2A

N

ná	拿	nehmen; halten, 4A, 4 Vok.
nǎ	哪	welch-, 3A
nǎ tiān	哪天	welcher Tag, 9A
nǎ zhàn	哪站	welche Haltestelle, 12A

nà	那	das (da), jenes, 3A
nǎli	哪里	höfliche Erwiderung auf ein Lob: Das ist nett gesagt, aber Sie übertreiben!, 3A; wo, 3C8
nàme	那么	also dann, 5A
nán	难	schwierig, 8A
nǎr	哪儿	wo, 3A
nàr	那儿	dort, 3C4, 9A
... ne?	... 呢?	und ... ?, 5A
néng	能	können; dürfen, 6A
nǐ	你	du; Sie, 1A
Nǐ guì xìng?	你贵姓?	Wie ist Ihr (werter) Name?, 3A
Nǐ de Hànyǔ zhēn hǎo!	你的汉语真好!	Ihr Chinesisch ist wirklich gut/toll!, 3A
nián (-ZEW)	年	Jahr, 9A
nín	您	höfliche Form von 你 nǐ, 7A
nuǎnshuǐpíng	暖水瓶	Thermoskanne, 11A
nǚ	女	weiblich, 2 Vok.
X Nǚshì	X 女士	(Anrede) Frau X, 2A

P

pángbiān	旁边	nebenan; an der Seite; neben, 11A
péi + Person	陪	jdn. begleiten; jdm. Gesellschaft leisten, 6A
péi + Person + Verb	陪	(begleitend) mit jdm. + Verb, 6A
péngyou	朋友	Freund; Bekannter, 5A
píbāo	皮包	Handtasche, 11A
piányi	便宜	billig, 6A
piào	票	Karte, Fahrkarte, Ticket (ZEW: 张 zhāng), 8A
pīngpāngqiú	乒乓球	Tischtennisball, 2A

Q

qī	七	*sieben*, 2A
qí	骑	*reiten; (Fahrrad) fahren*, 2A, 2 Vok.
qìchē	汽车	*Auto, Wagen* (ZEW: 辆 liàng), 2C2, 7A
qǐchuáng *(VO')*	起床	*aufstehen (vom Bett)*, 9A
qǐlai	起来	*aufstehen*, 9A
X qiān	X 千	*X tausend*, 10A
qián	钱	*Geld*, 7A
qiánmian	前面	*vorne; vor*, 11A
Qínyǒng	秦俑	*Terra Cotta Armee des Kaisers Qín Shǐhuáng (255-222 v.Chr.)*, 10A
qǐngwèn, ...	请问	*Darf ich fragen, ...*, 7A
qiú	球	*Ball*, 2A
qù	去	*(irgendwohin) gehen/fahren*, 4A
qù + *Ort*	去	*gehen/fahren nach/zu* + Ort, 4A
qù ná + *Obj.*	去拿	*etw. abholen gehen*, 4A
qù kàn diànyǐng	去看电影	*einen Film ansehen gehen; ins Kino gehen*, 5A

R

rén	人	*Mensch*, 1 Vok.
rénmín	人民	*Volk*, 7 Vok.
Rénmínbì	人民币	*Volkswährung* (Name der chinesischen Währung), 7A
rènshi	认识	*kennen; kennenlernen*, 3A
Rìběn	日本	*Japan*, 1A
Rìběnrén	日本人	*Japaner*, 1C2
Rìwén	日文	*Japanisch*, 1A

S

sān	三	*drei*, 2A
sǎn	伞	*Schirm* (ZEW: 把 bǎ), 8 Vok.
shàng + *Verkehrsmittel*	上	*in ein Verkehrsmittel einsteigen*, 12A
shàng ge yuè	上个月	*letzter Monat*, 8C2
shāngchǎng	商场	*(größeres) Kaufhaus*, 7A
shàngchē *(VO)*	上车	*(Bus usw.) einsteigen*, 12A
shāngdiàn	商店	*Laden, Geschäft* (ZEW: 个 gè, 家 jiā), 4A
shàngkè *(VO)*	上课	*Unterricht haben/durchführen*, 8A
shàngmian	上面	*oben; oberhalb; auf*, 11A
shàngwǔ	上午	*Vormittag, vormittags, am Vormittag*, 4A
shǎo	少	*wenig*, 7 Vok.
shéi	谁	*wer*, 5A
shénme	什么	*was*, 2A
shénme + *Substantiv*	什么	*was für*, 2A
shénme shíhou	什么时候	*wann*, 2A
shí	十	*zehn*, 2A
shí diǎn chà sì fēn	十点差四分	*4 Minuten vor 10 Uhr*, 5A
shí diǎn sān kè	十点三刻	*10.45 Uhr* (wörtl.: *10 Uhr + 3 Viertelstunden*), 5A
shì	是	*(Kopula) sein*, 1A
Shì de.	是的.	*Ja.*, 1A
shì	事	*Angelegenheit, Anliegen* (ZEW: 件 jiàn), 11A
shìchǎng	市场	*Markt*, 6A
shīfu	师傅	*Anredeform*, 11A, 11C5
shìqing	事情	*Angelegenheit, Anliegen* (ZEW: 件 jiàn), 8A
shítáng	食堂	*Mensa*, 8A
shū	书	*Buch* (ZEW: 本 běn), 2C2, 3 Vok.
shuō	说	*sagen, sprechen*, 9 Vok.

shuōdìng le	说定了	abgemacht, 9A

T

tā	他	er, 1A
tā	她	sie (3. Person Singular), 1A
tāmen	他门	sie (Pl.)
tài	太	zu (sehr), 4A
tài hǎo le	太好了	prima, toll, 4A
tèbié	特别	besonders, 6A
tiān (-ZEW)	天	Tag, 2C2, 9A
tiānqì	天气	Wetter (ZEW: Art 种 zhǒng), 12A
tiáo	条	ZEW für schmale, längliche Gegenstände wie Straße, Fisch, Hose usw., 6A
tīng	听	(zu)hören, 12 Vok.
tīngshuō	听说	vom Hörensagen, wie man hört, 12A
túshūguǎn	图书馆	Bibliothek, 3A
túshūguǎn guǎnyuán	图书馆馆员	Bibliothekar, 3A

W

wàimian	外面	draußen; außerhalb, 11A
wán	玩	spielen, sich vergnügen, sich die Zeit vertreiben, 12 Vok.
wǎnshang	晚上	Abend; abends; am Abend, 4A
wàng + *Richtung*	往	in Richtung, 12A
wàng qián zǒu	往前走	geradeaus gehen, 12A
wàng zuǒ guǎi	往左拐	links abbiegen, 12A
wèn	问	fragen, 7 Vok., 10A
wèntí	问题	Frage; Problem, 12A
wǒ	我	ich, 1A
wǔ	五	fünf, 2A
wǔfàn	午饭	Mittagessen (ZEW: 顿 dùn), 8A

X

Xībānyá	西班牙	Spanien, 1C1
Xībānyáwén	西班牙文	Spanisch, 1C1
xǐhuan	喜欢	mögen, gerne haben, 2A
xǐhuan + *Verb*	喜欢	etw. gerne machen, 2A
xià + *Verkehrsmittel*	下	aus einem Verkehrsmittel aussteigen, 12A
xiàchē *(VO)*	下车	(Bus usw.) aussteigen, 12A
xiàkè *(VO)*	下课	den Unterricht beenden, 8A
xiàmian	下面	unten; unterhalb, unter, 3C4, 11A
xiàwǔ	下午	Nachmittag; nachmittags; am Nachmittag, 4A
xià xīngqī	下星期	nächste Woche, 8A
xiàyǔ *(VO)*	下雨	regnen; es regnet, 8A
xiān	先	zuerst, 6A
xiānsheng	先生	Herr (ZEW: 个 gè, 位 wèi), 2A
xiànzài	现在	jetzt, 5A
xiǎng	想	mögen (ich möchte usw.), erwägen, 4A
xiǎo	小	klein, 2 Vok.
xiǎoshí *(mit oder ohne ZEW)*	小时	Stunde, 12A
xiǎotíqín	小提琴	Geige (ZEW: 把 bǎ), 2A
xiě	写	schreiben, 11A
xié/xiézi	鞋/鞋子	Schuhe (ZEW: für ein Paar Schuhe: 双 shuāng), 6A
xiédiàn	鞋店	Schuhgeschäft (ZEW: 个 gè, 家 jiā), 6A
xièxie	谢谢	danke schön; danken, 4A
xìn	信	Brief (ZEW: 封 fēng), 11A
xíng	行	das geht, das läßt sich machen, 9A
xìng	姓	Familienname; (mit Familiennamen) heißen, 3A

xīngqī *(mit oder ohne ZEW)*	星期	Woche, 5A
xīngqī jǐ	星期几	welcher Wochentag, 5A
xīngqī liù	星期六	Samstag, 5A
xīngqī tiān	星期天	Sonntag, 5A
xióng	熊	Bär (ZEW: 只 zhī), 10 Vok.
xióngmāo	熊猫	Pandabär (ZEW: 只 zhī), 10 Vok.
xiūxi	休息	sich ausruhen; Pause machen, 12A
xué + *Obj.*	学	lernen/studieren + Obj., 1A
xuésheng	学生	Student; Schüler, 1A
xuéxí	学习	lernen; studieren, 1A
xūyào	需要	brauchen, benötigen, 4A

Y

yǎnjìng	眼镜	Brille (ZEW: 副 fù), 11A
yào	要	wollen, fest vorhaben, 4A
yào	要	etw. haben wollen, 4A
yào	要	erforderlich sein, müssen, 12A
yàoshi	钥匙	Schlüssel (ZEW: 把 bǎ), 11A
yě	也	auch, 6A
yèli	夜里	in der Nacht, nachts, 9A
yī	一	eins, 2A
yì bǎi	一百	einhundert, 7A
yí ge rén	一个人	alleine, 6A
Yìdàlì	意大利	Italien, 1C2
Yìdàlìwén	意大利文	Italienisch, 1C2
yìdiǎnr	一点儿	etwas, ein wenig, 8A
yídìng	一定	mit Sicherheit, bestimmt, 12A
yìqǐ	一起	(gemeinsam) zusammen, 6A
yìsi	意思	Bedeutung, 10 Vok.
yìxiē	一些	einige, ein paar, eine Anzahl von; etwas, 4A

yínháng	银行	Bank (ZEW: 个 gè, 家 jiā), 7A
Yīngguó	英国	England, 1A
Yīngwén	英文	Englisch, 1A
yòng	用	benutzen, gebrauchen, 8A
yǒu	有	haben, 2A
yǒu kòng	有空	freie Zeit haben, 4A
yǒu yìsi	有意思	interessant, 10A
yòubiān	右边	rechte Seite; rechts (von), 11A
yóujú	邮局	Postamt, 11A
yóulǎn	游览	(Stadt, Sehenswürdigkeit) besichtigen; eine Rundreise machen, 10A
yóupiào	邮票	Briefmarke (ZEW: 张 zhāng), 11A
yǒuyì	友谊	Freundschaft, 4A
yóuyǒng	游泳	schwimmen, 8A
yǔ	雨	Regen, 8 Vok.
yǔsǎn	雨伞	Regenschirm (ZEW: 把 bǎ), 2C2, 8A
Yuán	元	größte Einheit der chinesischen Währung, 7A
yuǎn	远	weit, 12A

Z

zài	在	sich befinden in, 3A
zài	在	anwesend sein, 8A
zài + Ort + Verb	在	in, an, auf usw. + Ort + Verb, 7A
zài	再	wieder, 5 Vok., 12A
zài	再	dann noch, weiterhin noch, 12A
zàijiàn	再见	auf Wiedersehen!, 5A
zǎo	早	früh, 9 Vok.
zǎo!	早!	guten Morgen!, 9A
zǎofàn	早饭	Frühstück (ZEW: 顿 dùn), 9A
zěnme	怎么	(Fragewort) wie, in welcher Art und Weise, 9A

..., zěnmeyàng?	..., 怎么样?	wie wäre es, wenn ...?, 6A
..., zěnmeyàng?	..., 怎么样?	(Beurteilung) Wie ist ...?, Wie finden Sie ...?, 10A
zhàn *(-ZEW)*	站	(Bus usw.) *Station, Haltestelle*, 12A
X zhàn	X 站	*Haltestelle X; X Station(en)*, 12A, 12 Vok.
zhāng	张	ZEW für flächige Gegenstände, z.B. Tisch, Papier usw., 11A
zhǎo	找	*suchen; jdn. aufsuchen*, 8A
zhào + *Obj.*	照	*fotografieren* + Obj., 8C1
zhàoxiàng *(VO)*	照相	*fotografieren*, 4A
zhè	这	*dies, das (hier)*, 1A
zhè xiē	这些	*diese* (Plural), 7A
zhème	这么	*dermaßen, so (sehr)*, 12A
zhēn	真	*wirklich (sehr)*, 3A
zhēn de?	真的?	*wirklich?, ist das wahr?*, 9A
zhēn qiǎo!	真巧!	*Das trifft sich gut! Was für ein Zufall!*, 7A
zhī	支	ZEW für längliche Gegenstände, z.B. Stift, Füller, Pinsel, 4A
zhǐ	只	*nur, lediglich*, 8A
zhǐ	纸	*Papier* (ZEW: *Blatt* 张 zhāng), 2C2
zhīdao	知道	*wissen, Kenntnis haben von*, 6A
zhǒng	种	ZEW: *Sorte*, 7A
Zhōngguó	中国	*China*, 1A
Zhōngguórén	中国人	*Chinese*, 1A
zhōngtou	钟头	*Stunde*, 12A
Zhōngwén	中文	*Chinesisch*, 1A
zhōngwǔ	中午	*Mittag; mittags; am Mittag*, 12A
zhùzài	住在	*wohnen in*, 3A
zhuō/zhuōzi	桌/桌子	*Tisch* (ZEW: 张 zhāng), 11A
zì	字	*Schriftzeichen*, 2 Vok.

zìdiǎn	字典	Wörterbuch (ZEW: 本 běn), 2C2, 11A
zìxíngchē	自行车	Fahrrad (ZEW: 辆 liàng), 2A
zǒu	走	weggehen, *losgehen*, 8A
zǒulù *(VO)*	走路	zu Fuß gehen, 12A
zū	租	mieten, 9 Vok.
zuìhǎo	最好	am besten, 6A
zuò	做	machen, 7A
... zuò shénme?	... 做什么?	weswegen/wozu (man etw. macht)?, 4A
X zuò shénme gōngzuò?	X 做什么工作?	Was arbeitet X?, 3A
zuò + *Fahrzeug*	坐	fahren mit + Fahrzeug, 7A
zuò + *Fahrzeug* + *Verb*	坐	mit + Fahrzeug + Verb, 7A
zuǒbiān	左边	linke Seite; links, 11A
zuòchē *(VO)*	坐车	fahren, 12A

Sachregister (Die Zahlen verweisen auf die Lektionsabschnitte)

Adjektiv
 als Attribut: 10C1d
 als Prädikat (Adjektivprädikat): 6C1
Adjektivprädikat → Adjektiv
Adverb: 6C2, 11C3
Adverbial (Adverbial-, Umstandsbestimmung)
 bestehend aus
  einem Adverb → Adverb
  einem Koverb + Substantiv → Koverb
  einer Ortsangabe → Koverb
  einer Präposition + Substantiv: 12C
  einer Zeitdauerangabe: 4C5, 12C9
  einer Zeitpunktangabe: 4C5, 12C9
  einer Zeitpunkt- und Ortsangabe: 9C5
 im Satz mit (shì 是) ... de 的-Konstruktion: 9C2
Alter: 5C4

Anrede: 1C5, 2C5, 11C6
Antwort, Bejahung und Verneinung: 1C8, 2C5, 4C2, 4C7d, 5C6, 6C1b, 6C2c, 6C4e, 6C5, 6C6, 8C2f, 9C2b
Artikel: 2C4, 3C3d
Attribut
 bestehend aus
  einem Adjektiv → Adjektiv
  einem Fragewort: 10C1e
  einem Personalpronomen: 3C2
  einem Substantiv: 10C1c
  einem Verb oder Satzteil mit Verb: 11C1
 Attributivpartikel de 的: 3C2, 10C1
 Auslassung der Attributivpartikel de 的: 3C2, 10C1
 Auslassung des Bezugsworts: 10C2
 Besitzverhältnis: 3C2, 10C1c
 Attributivpartikel de 的 → Attribut

Sachregister

Aufforderungssatz: 9C1
  mit ba 吧: 9C1b
  verneinend mit bié 别 oder búyào 不要: 9C1c
Ausrufpartikel a 啊: 5C9
Besitzverhältnis → Attribut
Datum: 5C3, 9C3
Demonstrativpronomen: 2C2, 3C3
duōshao 多少
  → Ergänzungsfrage
  jǐ 几 und duōshao 多少: 2C6b, 7C4, 9C3
Entscheidungsfrage
  mit der Fragepartikel ma 吗: 1C7
  Positiv-Negativ-Frage: 12C1, 12C2
Ergänzungsfrage
  Wortstellung: 2C6
  mit dem Fragewort
    duōshao 多少: 7C4, 7C5, 9C3
    jǐ 几: 2C6, 5C4, 7C4, 9Vok., 9C3, 11C5, 12Vok.
    nǎ 哪: 3Vok., 6C7, 9C3
    nǎli 哪里: 3C8
    nǎr 哪儿: 3C4
    shéi 谁: 5Vok.
    shénme 什么: 2C6, 4C5, 5C5, 10C1e
    zěnme 怎么: 12C6
  mit dem fragenden Ausdruck
    duō dà 多大: 5C4
    duō jiǔ 多久: 12C6
    shénme shíhou 什么时候: 4C5, 5C5
Frage
  → Entscheidungsfrage
  → Ergänzungsfrage
  verkürzte Frage mit der Fragepartikel ne 呢: 5C7
  mit hǎo ma 好吗: 6C8
  mit shì bu shi 是不是: 12C1d, 12C2
  mit zěnmeyàng 怎么样: 6C8, 10C4
  Vergewisserungsfrage: 12C2
hěn 很
  → Adverb
  beim Adjektivprädikat → Adjektiv
  beim Attribut: 10C1d
huì 会
  → Modalverb
  → als Verb: 9C4
  kěyǐ 可以 und huì 会: 4C7c, 9C4

Indefinitpronomen
  dōngxi 东西: 7C9
  yìxiē 一些: 4C8
jǐ 几
  → Ergänzungsfrage
  duōshao 多少 und jǐ 几 → duōshao 多少
  im Aussagesatz: 7C6
kěyǐ 可以
  → Modalverb
  huì 会 und kěyǐ 可以 → huì 会
  néng 能 und kěyǐ 可以: 6C4c, 9C4
Konjunktion hé 和: 1C9
Kopula shì 是 → Satz
Koverb: 7C1, 12C7b
  Verb und Koverb: 7C1
  Präposition und Koverb: 7C1, 12C7
le 了
  als Modalpartikel: 4C3, 8C3
  als Vollendungspartikel: 8C2
  (shì 是) ... de 的-Konstruktion und le 了: 8C2c, 9C2
  liǎng 两 und èr 二: 2C2c, 5C2, 7C3b, 8C4, 9C3b, 10C5
Modalpartikel le 了 → le 了
Modalverb: 4C7
  děi 得: 5C6, 6C4c
  huì 会: 9C4
  kěyǐ 可以: 4C7c, 6C4c
  néng 能: 6C4c
  xiǎng 想: 4C7b
  yào 要: 4C7a
Name, Namensangabe: 1C10, 2C7, 3C6, 3C7
néng 能
  → Modalverb
  kěyǐ 可以 und néng 能 → kěyǐ 可以
Nominalprädikat
  → Satz
  Verneinung: 6C5
  Betonung: 6C5
Objekt: 1C6, 1C8, 4C1, 6C6, 10C3, 8C1b, 8C2d, 10C3, 11C1, 11C4b, 11C4c, 12C1c, 12C5, 12C9
  Auslassung des Objekts: 4C1
  Objektsatz: 10C3
Objektsatz → Objekt
Ordinalzahlen: 8C4
Ortsangabe: 3C4, 3C5, 4C4, 4C9, 7C1,

Sachregister

7C8, 10C1c, 11C2
Ortssubstantive: 3C4, 11C2
Positionswörter: 11C2
Ortssubstantive → Ortsangabe
Personalpronomen: 1Vok., 3C1
Positionswörter → Ortsangabe
Positiv-Negativ-Frage → Entscheidungsfrage
Possessivpronomen: 3C2
Präposition 3C4, 4C4b, 7C1, 12C7
   Koverb und Präposition → Koverb
Preisangabe: 7C5
Richtungsverben qù 去 und lái 来: 4C4
Satz
   mit Adjektivprädikat → Adjektiv
   mit Kopula shì 是: 1C4
   mit Nominalprädikat: 5C4, 6C5
   mit Verbalprädikat: 1C5
   mit Thema - Kommentar: 4C5, 12C5
   Aufforderungssatz → Aufforderungssatz
   Fragesatz → Frage
   verneinter Satz → Verneinung
   Satzverknüpfung: 1C9, 5C8
Schriftzeichen
   Wort und Schriftzeichen: Die Pinyin-Umschrift und die Aussprache; 1C2
shì 是
   als Kopula → Satz
   Ton: 1C4, 1C8, 6C5, 9C2
   zur Betonung: 6C5, 9C2
shì bu shì 是不是 → Frage
(shì 是) ... de 的-Konstruktion: 9C2
le 了 und (shì 是) ... de 的-Konstruktion → le 了
Subjekt
   Auslassung des Subjekts: 5C8
   neutrales Subjekt: 7C8
   unpersönliches Subjekt: 12C4
   verbales Subjekt: 12C3
Substantiv: 1C1, 3C4, 10C1c, 11C2
Thema - Kommentar → Satz
Uhrzeit: 5C2
Verb
   als Prädikat (Verbalprädikat): 1C5
   als Subjekt → Subjekt
   bestehend aus
      Verb + Objekt (VO-Verb, VO'-Verb): 8C1b

Verb + Verb: 8C1a
Koverb und Verb → Koverb
Richtungsverb → Richtungsverben
qù 去 und lái 来
Substantiv und Verb: 1C1
Verben mit Ergänzung: 1C6, 7C9
Verdoppelung des Verbs: 11C4
Vollendung → le 了
Zeitstufen: 1C3, 6C3
Verbalprädikat → Verb
Verbzusatz zài 在 → zài 在
Vergewisserungsfrage → Frage
Verneinung
   mit bié 别 → Aufforderungssatz
   mit bù 不: 1C8, 6C4
   mit bú shi 不是: 6C5, 9C2b
   mit búyào 不要 → Aufforderungssatz
   mit méi 没: 4C2
   mit méiyǒu 没有: 8C2e
VO-Verb → Verb
VO'-Verb → Verb
Vollendungspartikel le 了 → le 了
Währung: 7C3
Wort, Wortbildung: 1C2, 8C1
   Schriftzeichen und Wort → Schriftzeichen
yào 要
   → Modalverb
   als Verb: 4C6, 12C9
yíxià 一下: 11C4
yǒu 有
   es gibt: 7C8
   Verneinung mit méi 没 → Verneinung
Zahlen: 2Vok., 5C1, 7C2
Zähleinheitswort (ZEW): 2C2, 2C2e, 7C4, 7C6, 7C7, 9C3
zài 在
   als Verb: 3C4
   als Koverb → Koverb
   als Verbzusatz: 3C5
Zeitausdrücke: 4C5, 5C2, 5C3, 5C5, 9C3, 10C1c, 12C9
Zeitdauerangabe → Adverbial
Zeitpunktangabe → Adverbial
Zeitstufen → Verb
ZEW → Zähleinheitswort
-ZEW → Zähleinheitswort